Liebe Eltern,

ADS-Kinder sind ganz besondere Kinder mit vielen Talenten, aber auch mit Handicaps. Sie bereichern das Leben, nur wird es ganz schön kompliziert, wenn die ADS-Problematik noch eine große Rolle spielt. Ständige Diskussionen, Streitereien, Schuldzuweisungen, Frustrationen beim Lernen, beim Sport und mit Freunden sind kontraproduktiv. Es geht anders - mit der richtigen Unterstützung lassen sich Probleme lösen. Allgemeine Ratschläge reichen nicht aus. ADS-Kinder haben aufgrund ihrer Aufmerksamkeitsstörung und mangelnden Impulssteuerung besonders große Schwierigkeiten, ihre Talente wirklich zu nutzen und Anforderungen zu bewältigen. Sie brauchen effiziente Hilfen und Verständnis, um zufrieden und erfolgreich zu werden.
Lernen Sie die Besonderheiten von ADS-Kindern kennen und nutzen Sie bewährte Erfolgsstrategien.
In dieser Reihe „ADS. TopTipps für Eltern" finden Sie die wichtigsten Tipps aus dem ADS-Elterntraining und der therapeutischen Begleitung von ADS-Kindern kompakt zusammengestellt. Sie helfen Ihnen, Ihr Kind mit seinen Reaktionen zu verstehen und passende Lösungen für Probleme direkt anzuwenden. Auch ADS-Kinder können lernen, Regeln einzuhalten, Hausaufgaben ohne Motzerei zu erledigen, Freundschaften zu knüpfen und selbstbewusst ihr Leben zu gestalten.
In diesem 1. Band finden Sie die TopTipps für die Erziehung und Förderung des Selbstbewusstseins Ihres Kindes. In den nächsten Bänden werden u.a. die effizienten Strategien für das Coaching beim Lernen und den sinnvollen Einsatz von Therapieelementen in den Alltag vorgestellt.
ADS-Kinder zu begleiten ist zunächst anstrengend – aber es lohnt sich! Ihr Kind lernt seine Fähigkeiten gut einzusetzen, es hat mehr Energie für schöne Erlebnisse und Sie genießen zusammen nette Zeiten.

Dr. Elisabeth Aust-Claus

ADS. Die TopTipps für Eltern

1 Erfahrungen von Eltern mit ADS-Kindern

Hier erfahren Sie:

- >> Wunsch und Realität liegen oft weit auseinander
- >> Sorgen, Ängste und Stress regieren den Alltag
- >> Das ADS-Elterntraining stärkt Eltern und bietet Hilfe für das ADS-Kind

Wie hoch ist Ihr Stresspegel im Erziehungsalltag?

1.1. Wunsch und Wirklichkeit liegen oft weit auseinander

Kai kommt freudestrahlend nach Hause und muss unbedingt sofort erzählen, was in der Schule los war. „Mama, weiß du, was wir heute gelernt haben…" Er ist schnell zu begeistern, saugt alles Neue wie ein Schwamm auf, macht riesige Fortschritte im Lesen und Schreiben, ist in Mathe sowieso bei den Besten und erledigt die Hausaufgaben ohne Probleme in 20 Minuten. Er ist fast jeden Nachmittag verabredet und hat Spaß beim Judo-Training und Fußballspielen. Kai ist meistens gut gelaunt und akzeptiert mit wenig Protest Regeln von Eltern für die Computerspielzeiten oder das Fernsehen.

Kinder wie Kai – gibt es die? Natürlich, vielleicht nicht immer so wie sie in Klischees und Hochglanzbroschüren in der Werbung dargestellt werden. Aber grundsätzlich haben Kinder Lust zu lernen, Neues zu entdecken, zu spielen und sich mit andern auszutauschen. Sie möchten auch mit Eltern und Geschwistern klar kommen und Anforderungen im Alltag meistern. Den Eltern von Kai macht es Spaß, ihn bei der Entdeckung der Welt zu begleiten, ihm Impulse und Orientierung auf seinem Entwicklungsweg zu geben. Das Engagement in der Erziehung, der Zeitaufwand und die Sorgen werden durch die Freude an seinen Fortschritten, sein Lachen und seine Begeisterung für viele kleine, alltägliche Dinge belohnt. Diese Bilanz und die überwiegend positiven Gedanken und Gefühle im Alltag mit ihrem Kind wünschen sich alle Eltern.

Bei Max ist alles anders: Max erzählt nie etwas, schon gar nicht aus der Schule. Er findet alles blöd und vieles ungerecht! Es gibt ständig Ärger, weil Max ungeschickt reagiert, er Außenseiter ist und andere Kinder ihn provozieren. Das Lob von der Lehrerin bleibt aus, weil Max auch noch Lernprobleme hat. Schreiben und Lesen klappt nicht besonders gut und im Rechnen passieren ihm häufig Schusselfehler. Er kann sich nicht gut konzentrieren, nicht ordentlich arbeiten und zuhören schon gar nicht. Es gibt Beschwerden, weil er stört, kaspert und Arbeitsanweisungen nicht selbstständig erledigt. Mittags ist er gereizt, tobt bei jeder Kleinigkeit, Hausaufgaben sind jeden Tag ein Kampf und überhaupt wirkt er selten zufrieden. Nur wenn er machen kann, was er will, Bestimmer ist, Fußball oder Playstation spielt, ohne sich an Regeln halten zu müssen, scheint er einigermaßen glücklich. Am Esstisch oder im Spiel mit seiner Schwester gibt es nur Streit – er lernt trotz Erinnerungen kaum gewünschte Kommunikationsregeln. Der Familienfrieden hängt ständig schief und alle haben schlechte Laune, auch sonntags und im Urlaub. Max' Eltern fühlen sich nicht nur völlig gestresst, sie verzweifeln, glauben als Eltern versagt zu haben und sind fast am Aufgeben, weil bisher auch gut gemeinte Tipps wenig geholfen haben.
Die Kluft zwischen den Idealvorstellungen von Familie und der täglichen Wirklichkeit ist extrem groß.

Nicht nur Max' Eltern leiden darunter, sondern viele Eltern mit einem ADS-Kind, die am Anfang stehen und Hilfe suchen. Sie haben den Wunsch, dass ihr Kind die Hilfen zur Bewältigung von Anforderungen ohne Wutanfälle einfach einmal annimmt, und dass vor allem alle besser miteinander klarkommen. Harmonie im Alltag steht auf der Eltern-Wunschliste meistens an erster Stelle, wenn im ADS-Elterntraining Eltern nach ihren Zielen gefragt werden. Zufriedenheit und Gut-Miteinander-Auskommen sollen das ständige Streiten, Diskutieren und Traurigsein ablösen.

1.2. Sorgen, Ängste und Stress regieren den Alltag

Elternstress

Dieses Thema wird in letzter Zeit breit in der Öffentlichkeit und sogar von Politikern diskutiert. Kinder sind die Zukunft, nur wie sollen sie gefördert werden und Bedingungen für Eltern geschaffen werden, dass dies gut gelingt? Wie geht es Eltern? Die Fragen wurden in der sozialwissenschaftlichen Studie „Eltern unter Druck" der Konrad-Adenauer-Stiftung untersucht:
Für Eltern wird der alltägliche Spagat zwischen Anspruch und Wirklichkeit immer größer. Sie fühlen sich deutlich belastet. So gaben nur weniger als ein Fünftel der gut 500 Befragten an, vom Erziehungsalltag nie gestresst zu werden. Fast täglich gestresst fühlen sich 7%, bei einem Viertel ist dies oft, bei der Hälfte gelegentlich der Fall.
Wenn wir die Ergebnisse unserer Befragungen von Eltern von ADS-Kindern vor einem ADS-Elterntraining daneben stellen, wird die Not dieser Eltern noch viel deutlicher. Es fühlen sich über 80% der Eltern von ADS-Kindern täglich überfordert und sind gestresst! Die Nerven liegen blank, der Familienalltag bietet kaum noch schöne Zeiten miteinander und Sorgen regieren die Gedanken an die Zukunft.

Stress im Erziehungsalltag

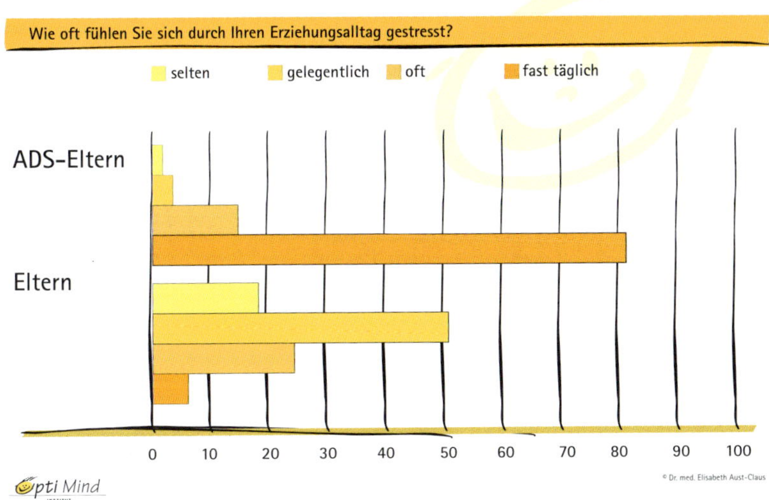

50% der Eltern fühlen sich gelegentlich gestresst
81% der Eltern von ADS-Kindern fühlen sich täglich gestresst
(Umfrage vor einem ADS-Elterntraining)

Einige kurze Ausschnitte aus der Erfahrungswelt von Eltern mit einem ADS-Kind:

>> Mutter von Rebecca, 10 Jahre:

Seit 5 Jahren bedeutet jeder Tag Stress. Nichts klappt, es gibt fast täglich Beschwerden aus der Schule, Hausaufgaben sind ein ständiger Kampf und zwischen den Geschwistern herrscht Krieg. Mein Mann kommt schon abends nicht mehr zum Essen nach Hause, da er das Geschrei nicht erträgt. Er hat wenigstens noch seinen Beruf. Ich weiß, dass wir etwas tun müssen, aber was ist das Richtige? Wir haben bisher schon einiges versucht – geholfen hat eigentlich nichts wirklich:

- *Vor der Einschulung: Psychomotorische Übungsbehandlung*
- *Gespräche in der Erziehungsberatungsstelle*
- *Musikalische Früherziehung*
- *Autogenes Training für Kinder*
- *Wahrnehmungstraining bei einer Ergotherapeutin*
- *Nachhilfe und Lese-Rechtschreib-Therapie*
- *Mutter-Kind-Kur*
- *Ernährungsumstellung*

Ich möchte nicht jeden Nachmittag unterwegs sein, da die Geschwister mich auch fordern, und Rebecca wehrt sich gegen weitere Termine. Eigentlich verständlich, da sie sich trotz vieler, für sie oft lästigen Therapien immer noch nicht beherrschen kann, keine Freunde hat und ihre Schulleistungen auch nicht besser geworden sind!

>> Hilferuf nach 14 Jahren Leidensweg

Unser Familienleben war eine Katastrophe und manchmal nicht zu ertragen. Wir haben uns gegenseitig genervt, seelisch verletzt und uns das Leben schwer gemacht, weil wir den anderen nicht verstanden haben. Jeder Einzelne hat gelitten und wurde durch negative Erfahrungen geprägt.

Wir waren jahrelang den Kritiken und Beschwerden von Kindergärtnerinnen, Lehrern und sogar von der eigenen Verwandtschaft ausgesetzt, erst recht nach unserem Entschluss Medikamente auszuprobieren. Wir sind als Eltern am Ende unserer Nerven und Kraft angelangt. Wir stehen oft vor der Resignation. Bitte helfen Sie uns, wir schaffen dies in der Familie allein nicht!

>> **Schon immer verträumt und vergesslich**

Seit der Einschulung ist David unglücklich. Er ist jetzt in der 3. Klasse und wird sie voraussichtlich nicht schaffen. Er trödelt, träumt und ist extrem vergesslich. Immer lebt er in seiner Phantasiewelt und bekommt im Unterricht kaum etwas mit. Jeden Nachmittag sitzt er mit mir Stunden, um alle Arbeitsblätter aus der Schule nachzuarbeiten, Hausaufgaben zu erledigen und noch zu üben. Es ist ätzend. Jede 5 min muss er in die Lernwelt zurückgeholt werden – dies nervt und es gibt Schreierei. Spielen kann er gar nicht mehr – nur noch lernen, lernen... und es kommt nichts dabei herum. Die Nerven liegen jeden Nachmittag blank. Jetzt auch noch die Empfehlung „Förderschule für lernschwache Schüler"! Obwohl 2 Fachleute ihm eine gute Intelligenz bescheinigt haben. Erst jetzt kam überhaupt einer auf die Idee, er könnte ADS ohne Hyperaktivität haben. Hätte man ihm und uns nicht 3 Jahre Quälerei, zig unsinnige Strafpredigten und schlaflose Nächte ersparen können?

>> **Vater von Marcel, 9 Jahre:**

Die Gespräche beim Psychologen waren ein Desaster. Wir gingen verzweifelt hin und kamen völlig bestürzt über unsere Unfähigkeit zu erziehen wieder heraus. Uns war unmissverständlich klargemacht worden, dass wir Schuld sind an den Verhaltensweisen unseres Sohnes. Uns wurde erklärt, dass er sich so benehmen muss, weil wir ihm keine Aufmerksamkeit schenken. Nach den Gesprächen beim Psychologen hat meine Ehefrau ihren Halbtagsjob aufgegeben, und auch ich habe alle Freizeitaktivitäten meinerseits eingestellt. Wir sind nur noch für unseren Sohn da. Aber seine negativen Verhaltensweisen hat er nicht eingestellt. Im Gegenteil, es gibt jeden Tag noch mehr Streit als früher. Was sollen wir tun?

>> **Mutter von Daniel, 6 Jahre:**

Daniel hat bereits 2 Therapien, und ich habe regelmäßige Gespräche in der Erziehungsberatung. Diese Stelle ist sogar der Meinung, dass bei Daniel kein medizinisches Problem vorliegt. Ich bin sehr verzweifelt, da ich von allen Seiten verschiedene Informationen bekomme.

Schuldzuweisung und Verwirrung helfen wenig

Sind Eltern unfähig ihre „kleinen Tyrannen" zu erziehen? Ist das unmögliche Verhalten Ausdruck mangelnder Liebe, die Quittung für Beziehungsprobleme oder falsche Förderung und Inkompetenz der Eltern? Nein, ADS ist eine neurobiologische Störung und nicht verursacht durch eine falsche Erziehung. Weil es viele Probleme gibt, suchen Eltern Lösungen. Ohne umfassendes Wissen über die ADS-Problematik, ohne Erklärungen für die Verhaltens- und Entwicklungsprobleme ihres Kindes und ohne Strategien, wie auch Erziehung eines ADS-Kindes gelingen kann, erleben Eltern zusätzliche Frustrationen und Schuldzuweisungen.
Eltern müssen effiziente Hilfen kennen und in den Alltag integrieren. Sie werden Partner in der Therapie ihres ADS-Kindes und sorgen mit für eine gute Kompensation der ADS-Symptomatik. Zufriedenheit, Erfolg und ein schönes Familienleben sind trotz ADS möglich!

1.3. Das ADS-Elterntraining stärkt Eltern und bietet Hilfe für das ADS-Kind

Auch wenn die Diagnose ADS gestellt ist, eventuell schon eine Therapie begonnen wurde, sind die Sorgen und Ängste von Eltern nicht weggezaubert. In den Medien ist das häufig etwas anders zu lesen: Es wird oft einseitig berichtet, dass Eltern sich wenig kümmern, Erziehung nicht ernst nehmen und zu voreilig Medikation einsetzen möchten.
Unsere jahrzehntelange Erfahrung in der Begleitung von Eltern mit ADS-Kindern bestätigen die Ergebnisse einer europäischen Umfrage: Eltern machen sich viele Gedanken und Sorgen über die Zukunft ihrer ADS-Kinder. Sie setzen sich sehr für ihre Kinder ein, fühlen sich aber häufig auch sehr belastet und wünschen sich umfassende Hilfestellungen.

Internationale Umfrage bei Eltern mit ADS-Kindern

(World Federation of Mental Health (WFMH) „Without Boundaries- Challenges and Hopes for Living with ADHD in International Survey", 2004)

Zusammenfassungen aus den Antworten der Familien:

- 88% fühlen sich gestresst und besorgt wegen der ADS-Problematik der Kinder
- 87% machen sich Sorgen um den schulischen Erfolg ihres Kindes
- 50% fühlen sich durch die ADS-Problematik in ihrem Familienleben sehr belastet

Das ADS-Elterntraining reduziert Stress und bringt Zuversicht

Erst wenn Eltern umfassend in die Therapie mit einbezogen sind, ihre Sorgen und Ängste ernst genommen werden, reduziert sich der Stress. Eltern fühlen sich kompetenter und sind zuversichtlicher, Probleme auch mit ihren ADS-Kindern lösen zu können.
In der Evaluierung des ADS-Elterntrainings nach dem OptiMind-Konzept wurde besonders dieser Aspekt deutlich:

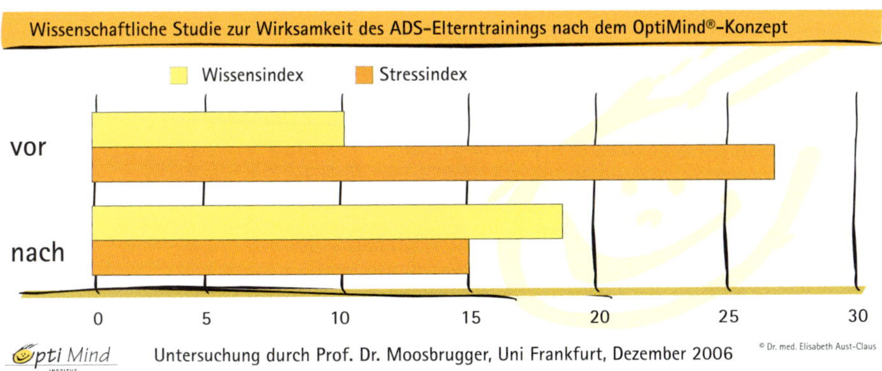

- Durch das ADS-Elterntraining wissen Eltern besser über die ADS-Problematik Bescheid und kennen Lösungen für Probleme.
- Der Stresspegel reduziert sich bei Eltern durch das ADS-Elterntraining deutlich.

Die Ergebnisse aus der wissenschaftlichen Studie zum ADS-Elterntraining finden Sie auf der Homepage www.opt-mind.de -> Evaluationsstudien.

Das ADS-Elterntraining mit den 4 Modulen

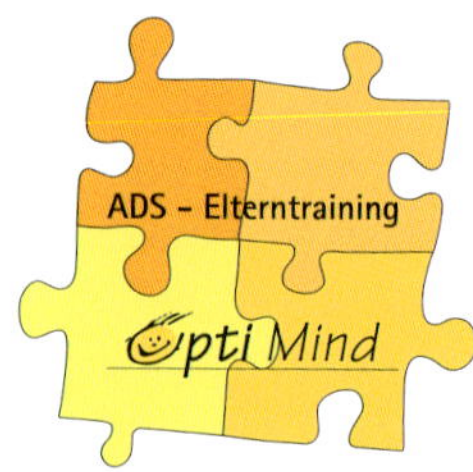

1. AufmerksamkeitsDefizitSyndrom: ADS und seine Besonderheiten – ein kurzer Ausflug in die Theorie. Was sollten Eltern über ADS wissen?

2. Erziehung und Begleitung eines ADS-Kindes – eine tägliche Herausforderung! Wie können Eltern Ihre Rolle als Coach meistern?

3. Medikamente bei ADS und viele Fragezeichen – wann, warum und wie können Medikamente mit in die Therapie einbezogen werden?

4. Stressmanagement für ADS-Eltern – die Balance zwischen Muss und Muße! Wie können Eltern trotz der hohen Belastung Ausgleich finden und Energie auftanken?

Das ADS-Elterntraining ist ein wichtiger Baustein in der multimodalen Therapie bei ADS.

In diesem Therapiekonzept sollen die einzelnen Aspekte immer im Zusammenhang verstanden werden.

Adressen von ADS-ElternCoaches, die das Elterntraining durchführen, finden Sie unter:
www.optimind.de -> Top Tipps -> ADS-Profi-Netzwerk

Wir verstehen vieles besser und können Probleme lösen

Erfahrungen und Kommentare von Eltern, die gut über ADS und Hilfen Bescheid wissen:

Das Wichtigste für mich ist,

>> *zu erfahren, wie facettenreich die ADS-Problematik in verschiedenen Lebensphasen sein kann, und dass es ein Fehler ist, bei ADS nur an Verhaltensauffälligkeiten zu denken. Durch die Ausführungen zu den Auffälligkeiten in der Info-Verarbeitung kann ich endlich die Lernprobleme verstehen und mir selbst auch Gedanken zur Unterstützung machen.*

>> *zu verstehen, warum Philipp überhaupt so anstrengend ist, und er selbst unter seiner Impulsivität leidet. Ich kann ihn mit ganz anderen Augen sehen, bin selbst nicht sofort eingeschnappt und weiß jetzt, wie ich Eskalationen vermeide, aber trotzdem Anforderungen durchsetze.*

>> *dass ich endlich wieder einen Blick für Positives bei meinem Kind habe. Die Sorgen haben alles überdeckt.*

>> *dass wir jetzt wissen, dass Felix ein ernsthaftes Problem hat und wir als Eltern nicht ständig versagen. Es gibt Möglichkeiten, Probleme gemeinsam zu lösen und Strategien anzuwenden. Wir fühlen uns nicht mehr hilflos.*

>> *dass wir nicht jeden Monat eine neue Therapie ausprobieren müssen, sondern jetzt gut entscheiden können, welche Hilfen Sinn machen.*

>> *dass ich gelernt habe, nicht ständig zu reden und zu diskutieren, sondern Regeln mit klaren Vorgaben und Plänen einzutrainieren. Es ist harte Arbeit, aber es lohnt sich.*

>> *dass ich jetzt mehr überlege, wie ich den Alltag organisiere und neben dem Pflichtprogramm Zeit für nette Dinge einplane.*

>> *dass ich Eltern kennengelernt habe, die ähnliche Probleme haben und wir uns unterstützen können. Mir ist es nicht mehr peinlich, über ADS zu reden.*

>> *dass wir weniger Stress in der Familie haben, wir wieder miteinander lachen können und einen guten Weg miteinander gefunden haben.*

2 Bescheid wissen über ADS: der erste Schritt zum Erfolg

Hier erfahren Sie:

>> ADS hat viele Facetten

>> Erklärung für die Probleme: ADS und die Besonderheiten in der Info-Verarbeitung

>> Wichtiges Fazit: Dirigentenfunktionen müssen gestärkt werden

Warum haben ADS-Kinder eigentlich so viele Probleme?

2.1. ADS hat viele Facetten

Nicht jedes Kind, das unkonzentriert ist, muss ADS haben. Allerdings ist **ADS mit und ohne Hyperaktivität** die häufigste Verhaltens- und Entwicklungsstörung im Kindes- und Jugendalter.

Es gibt **3 Formen von ADS**. Die Diagnose beruht auf international anerkannten Kriterien. Das Kernsymptom „Unaufmerksamkeit" ist allen gemeinsam. Die ADS-Typen unterscheiden sich in der Ausprägung der Impulsivität und der Hyperaktivität bzw. des Verträumtseins:

ADS ohne Hyperaktivität
vorherrschend unaufmerksamer Typ

ADS mit Hyperaktivität
vorherrschend hyperaktiv-impulsiver Typ

ADS mit Phasen von Hyperaktivität
und Verträumtsein
Mischtyp

Bei den Beschreibungen von ADS-Kindern werden immer noch die Bilder vom „Zappelphilipp" aus dem Struwwelpeter bemüht, einem Buch aus dem Jahre 1848. Da in den letzten Jahrzehnten Dank der Forschungen in den Neurowissenschaften viele neue Erkenntnisse zu Erklärungen von auffälligem Verhalten, Ursachen von Entwicklungsproblemen und über das Zusammenspiel der Neuronen im Gehirn uns im Verständnis auch von ADS vorwärts gebracht haben, sollten wir Abschied nehmen von der reinen Verhaltensbeschreibung „zappelig, unruhig" und uns wirklich der Kernproblematik annehmen. Die unangepassten Aufmerksamkeitsfunktionen und die inadäquate Impulssteuerung führen zu den typischen Problemen der ADS-Kinder. Ansonsten wird immer wieder übersehen, dass natürlich auch besonders ruhige Kinder eine ADS-Problematik haben können. ADS-Kinder ohne Hyperaktivität werden immer noch relativ spät diagnostiziert und bekommen wenig Hilfestellung, weil zuviel Wert auf das Vorhandensein von Hyperaktivität bei der Betrachtung der Symptomatik gelegt wird.

Die meisten ADS-Kinder haben die Mischform von ADS. In den verschiedenen Lebensphasen kann die Symptomatik von Hyperaktivität und Verträumtsein auch wechseln. Ein hyperaktiver 6-jähriger ADS-Junge kann mit 14 Jahren ruhiger aber auch verträumter sein. Entscheidend für die Beurteilung, ob jemand mit ADS noch Hilfestellung braucht, ist die Frage nach den Aufmerksamkeitsfunktionen, der Impulssteuerung und wie gut Anforderungssituationen damit gemeistert werden.

Sie finden oft auch die Begriffe ADHS und ADS statt ADS mit und ohne Hyperaktivität. Wir benutzen für ***alle Formen von ADS in den allgemeinen Beschreibungen den Begriff ADS****, um zu betonen, dass die Aufmerksamkeitsstörung mit den Auffälligkeiten in der Handlungsplanung die Handicaps sind und weniger die Hyperaktivität.*

Kernsymptome bei ADS

Unaufmerksamkeit

- Schlechte Konzentration
- Leichte Ablenkbarkeit
- Vergesslichkeit

Impulsivität

- Ständiges Unterbrechen und Stören anderer
- Herausplatzen von Antworten
- Nicht warten können
- Oberflächlicher Arbeitsstil

Hyperaktivität/Verträumtsein

- Extremer Bewegungsdrang
- Motorische Unruhe
- Oder Verträumtsein

Weitere häufige Symptome/assoziierte Störungen:

Wahrnehmungsstörungen
Teilleistungsstörung z.B. LRS, Rechenschwäche
Emotionale Auffälligkeiten
Tic-Symptomatik
Auffälligkeiten im Sozialverhalten

Die Checklisten, in denen nach den Kernsymptomen gefragt wird, können Sie bei uns auf der Homepage www.opti-mind.de unter „Was ist ADS/ADHS?/ADS bei Kindern" downloaden. Sie können sich damit schon einmal selbst einem Überblick über die Symptomvielfalt und Schwere der Problematik verschaffen und sie eventuell zu einem Gespräch mit einer Fachfrau/ einem Fachmann mitnehmen, der Ihnen in der Diagnostik und in der Therapieplanung weiterhilft.

Impulsivität hat verschiedene Auswirkungen

Alle Eltern können viele Beispiele aus dem alltäglichen Leben mit ihrem Kind für die Probleme in den Aufmerksamkeitsfunktionen schildern, auch natürlich für das explosive Verhalten. Vielen ist nicht klar, dass sich Impulsivität nicht nur im unangepassten Verhalten zeigt, sondern auch ein Handicap beim Lernen ist.

Wichtig zu wissen!

Impulsives Verhalten
= reagiert nach Stimmung

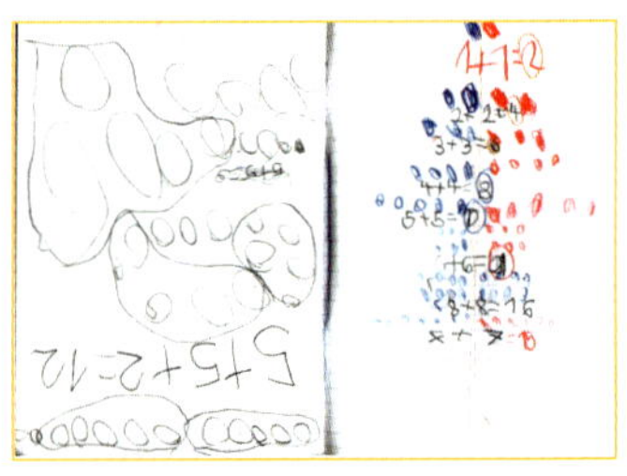

Impulsives Arbeitsverhalten
= Ergebnisse unbefriedigend

Impulsivität heißt nicht nur, dass Gefühle sofort ausgelebt werden, sondern bedeutet beim Lernen einen oberflächlichen, sprunghaften Arbeitsstil. Dies erklärt oft die Flüchtigkeitsfehler in den Arbeiten, oder dass Aufgaben nicht richtig gelöst wurden, weil die Fragestellung nicht exakt durchgelesen worden ist. Es wird nach dem Motto gearbeitet: Hauptsache schnell fertig werden!

Lernprobleme sind bei ADS keine Ausnahme: über 60% aller ADS-Kinder haben Wahrnehmungsstörungen, feinmotorische Probleme und/oder eine Lese/Rechtschreibstörung als weiteres Handicap. Dies ist nicht verwunderlich, da ADS einhergeht mit Auffälligkeiten in der Info-Verarbeitung.

Typische Lernprobleme bei ADS können Sie in dem multimedialen Seminar „ADS und Lernprobleme" (OptiMind media, www.opti-mind.de) anschauen.

Trotz vieler ADS-bedingter Schwierigkeiten verfügen die betroffenen Kinder über viele positive und liebenswerte Eigenschaften.

Positive Eigenschaften von ADS-Kindern:

- Oft sehr kreativ und phantasiebegabt
- Hoher Gerechtigkeitssinn
- Nicht nachtragend
- oft sehr spontan und begeisterungsfähig

2.2. Erklärung für die Probleme: ADS und die Besonderheiten in der Info-Verarbeitung

Informationsverarbeitung bei ADS mit Hyperaktivität

Input: Info | Arbeitsgedächtnis | Temp. Datei | Langzeitgedächtnis | Output: Reaktion

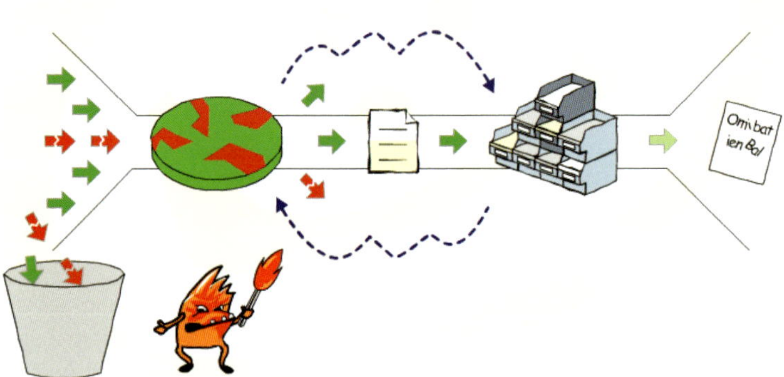

Ein wichtiger Informations-Input kann zum Beispiel sein: 10 Sätze, die die Lehrerin diktiert. Am besten hört Max gut zu, erinnert sich, wie die Laute als Buchstabenfolge umkodiert werden und schreibt dies zügig hin.
Nach der **gezielten Informationsaufnahme** der diktierten Sätze kann die Weiterverarbeitung rasch fortgesetzt werden. Zunächst passieren die Informationen im neuronalen Netzwerk das **Arbeitsgedächtnis**, das für die weitere Planung und Koordination des Prozesses „Aufgabenlösung" und „Handlungsplanung" zuständig ist. Es hält unmittelbar wichtige Informationen „online" und beeinflusst damit das, was man gerade tut oder denkt. Es ist auch für die Durchführung von geplanten Handlungen und für die Verfolgung von Zielen notwendig und muss dabei unter anderem solche Inhalte blockieren, die mit zielgerichteten Handlungen kollidieren, interferieren bzw. schlicht diese stören.

Werden alt bekannte Pfade gegangen und auf vorhandene Muster zurückgegriffenen, gehen Verarbeitungsprozesse immer schneller. Die Abläufe sind dann automatisiert. Wir haben etwas **„gelernt"** und können schnell wieder darauf zugreifen.

Je komplexer die Aufgabenstellung, umso gefragter ist natürlich das Management im Arbeitsgedächtnis, das eigentlich die Monitoring-Funktion für alle kognitiven Prozesse bei uns hat. Wenn z. B. eine Textaufgabe zu lösen ist, ist mehr Handlungsplanung und ein Schritt-für-Schritt-Vorgehen nötig, als bei einer einfacher Additionsaufgabe wie z. B. 56 + 76. In jeder Klassenstufe erhöhen sich die Anforderungen an diese Manager-Funktionen in der Informationsverarbeitung. Es müssen Aufsätze geschrieben, Texte verarbeitet werden und grundsätzlich Ziele strategisch geplant werden. All dies passiert im Arbeitsgedächtnis und durch unsere so genannten **exekutiven Funktionen**.

Auch Handlungsplanung und Voraussicht im Alltag haben mit dieser Info-Verarbeitung zu tun. Wenn Max der Aufforderung der Mutter nicht folgt, den Müll wegzutragen, dann sollte er auch nicht nur den Moment wahrnehmen, sondern an die Konsequenzen denken. Max ist impulsiv und lebt nur im Augenblick, also bezieht er Erinnerungen an früher und Vorausschau auf später nicht in sein Handeln ein. Dies ist ein Dilemma, wenn man Einsicht und „diplomatisches Verhalten" erwartet.

Es besteht eine „Filterschwäche"

Da Max **ADS mit Hyperaktivität** hat, funktioniert die gezielte Info-Aufnahme nicht besonders gut. Er bekommt alles Mögliche mit, auch dass draußen ein BMW vorbeifährt, nur Wichtiges, wie die diktierten Wörter der Lehrerin oder die Aufforderung der Mutter leider nicht komplett. Es besteht eine „Filterschwäche" von Reizeindrücken und Schwierigkeiten, Prioritäten richtig zu setzen. Darüber hinaus ist der Abgleich, das Sortieren und Behalten der Daten im Arbeitsgedächtnis ebenfalls nicht optimal. Er handelt ohne nachzudenken und oft nach Stimmung. Dies macht es besonders schwierig, konzentriert, überlegt und mit Vorausschau Anforderungen zu meistern.

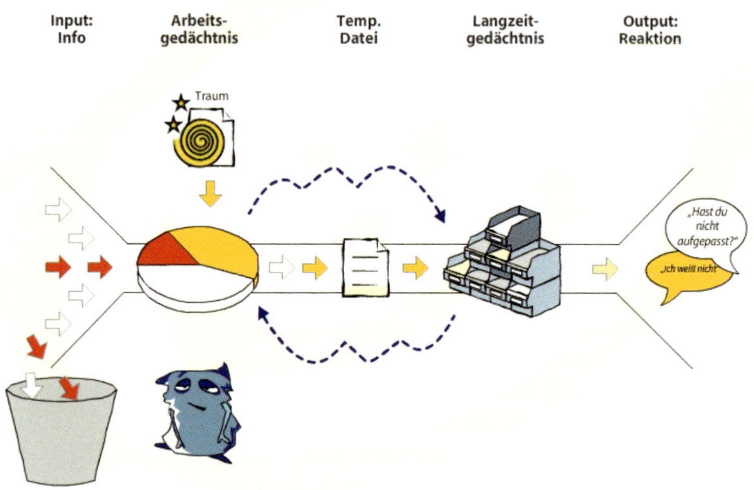

Driftet weg in ihr „Kopfkino"

Jule hat ähnliche Probleme. Sie hat **ADS ohne Hyperaktivität**. Sie bekommt auch die wichtigen Informationen nicht mit. Sie assoziiert sofort eigene Ideen und driftet weg in ihr „Kopfkino", anstatt genau zuzuhören und hinzusehen. Infoverarbeitung scheitert dann am mangelnden Input von wichtigen Informationen. Das Arbeitsgedächtnis ist gefüttert mit eigenen Ideen und Assoziationen, die mit der ursprünglichen Instruktion nicht viel zu tun haben. Sie ist verträumt, still und langsam im Arbeitstempo, obwohl sie gedanklich sehr aktiv ist – nur im „falschen Programm". Natürlich gelingt ihr auch keine adäquate Handlungsplanung und alle sind mit dem Ergebnis unzufrieden.

Informationsaufnahme, Reizfilterung und Wahrnehmungsorganisation (exekutive Funktionen) – diese Prozesse sind bei ADS nicht optimal aufgrund einer neurobiologischen Funktionsstörung.

Sie führen zu den typischen Auffälligkeiten bei ADS-Kindern sowohl im Verhalten, aber auch in der Entwicklung, besonders bei der Bewältigung von Schulanforderungen. Die **Dirigentenfunktionen (=exekutive Funktionen)** für die Steuerung der Aufmerksamkeitsfokussierung und Organisation der Wahrnehmungsinhalte im Arbeitsgedächtnis müssen unterstützt werden, damit sich die Problematik kompensieren kann und ADS-Kinder sich zu selbstbewussten, glücklichen und erfolgreichen Persönlichkeiten entwickeln.

2.3. Wichtiges Fazit: Dirigentenfunktionen müssen gestärkt werden

Die Informationsaufnahme, die Reizfilterung und auch die Wahrnehmungsorganisation können unterstützt und Abläufe trainiert werden, so dass ein ADS-Kind trotz neurobiologischer Auffälligkeiten in diesen Bereichen nicht verzweifeln muss. Es gibt zahlreiche Strategien zur Kompensation und bei ausgeprägtem ADS noch zusätzlich die Medikation als notwendige Hilfestellung. Man darf ADS-Kinder mit ihren Problemen nicht allein lassen – nur Zeit verstreichen lassen löst kein Problem. Im Gegenteil, je früher Eltern die Dirigentenfunktionen zur Optimierung der Info-Verarbeitung unterstützen und Abläufe automatisieren helfen, umso weniger Stolpersteine gibt es auf dem Entwicklungsweg eines ADS-Kindes. Auch ADS-Kinder können Regeln lernen, selbstständig und selbstbewusst ihr Leben meistern.

Am besten stellen sich Eltern auf die Problematik ein und lernen Grundprinzipien für die Erziehung und Begleitung ihres ADS-Kindes. Gedanklich kann man immer wieder Bezug nehmen auf das Info-Verarbeitungsschema und sich deutlich machen, dass man bei allen Hilfestellungen den „roten Pfeil", d.h. die Aufnahme der wichtigen Information verstärken möchte und Problemlösungen übt für strukturiertes, zielorientiertes Handeln. Natürlich stärken Eltern auch ganz gezielt das Selbstbewusstsein, dann können Frustrationen gut bewältigt werden.

Nehmen Sie Abschied von folgenden Ideen und Ratschlägen:

- Man kann durch Erziehung nichts bewirken, weil ADS eine neurobiologische Störung ist.
- ADS-Kinder haben einen guten Überblick und können deshalb immer selbst entscheiden, was sie wann wie erledigen.
- ADS-Kinder können gut reflektieren und über ihre Gefühle und Sorgen reden. Durch Gespräche können sie grundlegend ihr Verhalten verändern.
- Abwarten bis Ihr Kind älter wird, damit es Einsicht entwickelt und von allein „zur Vernunft" kommt.
- ADS-Kinder sind in Erziehungsfragen gleichwertige Partner der Eltern, mit denen man alles in Ruhe besprechen kann und so zu Lösungen findet.
- Eltern sollen keine Grenzen setzen, damit sich Kinder frei entfalten können.

ADS-Kinder sind unselbstständiger als andere Kinder und haben wenig Einsicht. Sie verlieren Ziele aus dem Auge und entscheiden nur nach dem Lustprinzip. Handlungsstrategien müssen sie mit viel Energie erlernen und sie brauchen Ihre Hilfe.

Eltern als Coach – so kann es gelingen:

- Seien Sie liebevoll, gerecht, aber unbedingt konsequent.
- Tragen Sie den Managerhut und handeln Sie vorausschauend.
- Verstärken Sie wichtige Infos und sorgen Sie für Reduktion ablenkender Reize.
- Rituale und Regeln helfen Orientierung zu finden und Abläufe schneller zu automatisieren.
- Bleiben Sie ruhig und haben Sie Geduld.
- Lob und Motivationsanreize sind der Katalysator für unbequeme Trainingsrunden und Problembewältigung.
- Halten Sie sich vor Augen: Starke Eltern, die Verlässlichkeit und Zuwendung bieten, sind auch ein Garant für Geborgenheit und Zuversicht.
- Machen Sie sich bewusst: Ihr Kind braucht für manches mehr Hilfe. Ihr Kind muss selbstständiges, überlegtes Handeln trainieren. Sie können es nicht als selbstverständliches Verhalten erwarten.

ADS-Kinder können ihr Handicap kompensieren lernen, sie brauchen hierzu nur Hilfestellungen. ADS-Kinder sind dann zufrieden und erfolgreich!

3 TopTipps für „goldene Prinzipien" in der Erziehung eines ADS-Kindes

Hier erfahren Sie:

>> Rituale schaffen Freiräume und schonen die Nerven
>> Familien-Regeln bedeuten Orientierung
>> Klartext reden – keine langen Predigten
>> Pflichten erledigen will geübt sein – am besten mit dem Punkteplan
>> Fernsehen, PC & Co – die Benutzung muss trainiert werden
>> Stopp für Wutreaktionen

Jeden Tag Diskussionen und Ärger beim Anziehen, Aufräumen oder Aufgaben erledigen?

3.1. Rituale schaffen Freiräume und schonen die Nerven

Morgens gut starten

Morgens, mittags und abends – Stress pur. Jeden Tag das gleiche Theater: Waschen, Anziehen und Zähneputzen trotz vieler tausend Übungsrunden klappt immer noch nicht. Max zieht das T-Shirt falsch herum an, vergisst sich zu waschen, malt mit der Zahnpasta lieber ein Bild auf den Spiegel oder startet wieder einmal einen Geschwisterstreit, statt sich die Zähne zu putzen. Jule kommt erst gar nicht aus dem Bett. Sie muss mit Mühe ins Bad getragen werden, wo sie auf dem warmen Badezimmerteppich weiter träumt und auch nicht allein Pullover, Hose und Socken anzieht. Sie hängt mit ihren Gedanken weiter in ihrer Traumwelt. Jule und Max – wie die meisten ADS-Kinder – bringen den Familienfrieden schon morgens durch ihre Trödelei oder Motzerei zum Kippen. Der Tag fängt an mit Geschrei, Ermahnungen und ständigem Zeitdruck.

Wenig hilfreich ist:

FLOP

- **Ständig von weitem rufen und selbst lauter werden.**
- **Appelle an die Einsicht, dass ein Achtjähriger sich allein anziehen sollte.**
- **Geschwister ins Bad schicken, damit sie helfen.**
- **Ihr Kind allein lassen und hoffen, dass Zeitdruck Verhalten ändert.**

Tipps für einen besseren Start morgens:

Seien Sie vorausschauend und trainieren Sie Abläufe ein:

- Am Anfang den Ablauf begleiten ohne viele Worte – mehr helfen durch Handeln.
- Abends werden schon die Anziehsachen in der richtigen Reihenfolge hingelegt.
- Anziehen nicht im Kinderzimmer, da dort zuviel Ablenkung durch Spielsachen ist.
- Geschwister morgens möglichst trennen und verschiedene Badbenutzungszeiten festlegen – dies verhindert Streit.
- Den Punkte-Motivationsplan nutzen, damit Ihr Kind lernt, sich nur auf das Programm „Anziehen" zu konzentrieren und Zeiten einzuhalten.

Beispiele für den Motivations-Punkteplan finden Sie in Kapitel 3.4

Sie erinnern sich, dass Ihr Kind schnell Wichtiges aus dem Blick verliert, sich ablenken lässt, nach Stimmung reagiert und dann natürlich Langweiliges oder Unbequemes nicht schnell und problemlos erledigt bekommt. Gute Worte, Predigten und Drohungen werden nicht genügend wahrgenommen oder auch nicht in jeder Konsequenz verinnerlicht, da ein ADS-Kind im Moment lebt und sich von seinen Gedanken und Gefühlen leiten lässt. Es möchte immer nach dem Lustprinzip reagieren und es verliert sich schnell in seiner Gedankenwelt. Es muss lernen, Abläufe, wie „Sich-schnell-anziehen", „Sich-waschen" und „Ordentlich-Zähneputzen" trotz Unlust, ohne viel Theater einfach zu beherrschen, um dann auch pünktlich zu frühstücken und rechtzeitig in die Schule zu kommen.

Ein Alltag besteht auch für Kinder aus Muss- und Darf-Situationen. Manches macht Spaß, manches leider auch nicht. Ein Muss ist: Zähne putzen, sich schnell anziehen, jetzt an den Tisch kommen, jetzt ins Bett gehen. Und es gibt die Darf-Situationen, in denen Ihr Kind tun darf, was es will. Wichtig ist, dass Ihr Kind lernt, wann es sich in welcher Situation befindet. Muss-Situationen kann es nicht verhandeln. Es ist eine Illusion, dass Diskussionen zu mehr Spaß führen. Im Gegenteil, je früher der Rahmen von Ihnen abgesteckt wird und Muss-Situationen schnell bewältigt werden, umso mehr Zeit bleibt für „Lustprogramme".

>> *Kevin trödelt jetzt weniger. Seine Eltern haben festgelegt, dass er sich nur noch im Bad umziehen kann, nicht mehr vor dem Fernseher, der ihn zu sehr ablenkt. Sie haben darüber hinaus ein Wettspiel probiert: wie oft übertrumpft er die Eieruhr? Wenn er es schafft, gibt es einen Extra-Smiley.*

>> *Die Eltern von Lea nerven sich nicht mehr gegenseitig. Sie haben beschlossen: die Mutter ist für das „Morgenprogramm", der Vater für abends zuständig. Lea braucht zunächst noch enges Coaching beim Waschen und Zähneputzen, sonst macht sie Blödsinn. Es hilft wenig, wenn beide Eltern laut und ungeduldig werden. Einer übt mit ihr die Routineabläufe, der andere darf in Ruhe etwas anderes tun, auch morgens Zeitung lesen.*

Chaos verhindern – Übersicht gewinnen

Ist Ihr Kind ein Sammler? Kann es alles gebrauchen und nichts sortieren? Wie sieht das Kinderzimmer aus? Wo landet Müll? Wo werden Kleidungsstücke nach dem Ausziehen hingeworfen? Wer räumt eigentlich bei Ihnen auf? Viele ADS-Kinder haben zunächst große Probleme, unter Aufräumen das Gleiche zu verstehen wie Sie. Für Ihr Kind heißt aufräumen, z.B. alle Klamotten in den Bettkasten zu verfrachten oder zunächst das Legoauto zu reparieren, ehe man sich den anderen Bauklötzen widmet und alles in Kisten räumt – wenn man sich dann überhaupt noch daran erinnert. Auch Aufräumen, Ordnung halten, Termine einhalten sind tägliche Streitthemen in Familien mit ADS-Kindern. Die meisten ADS-Kinder verbreiten Chaos, sind zerstreut und müssen auch Alltagsorganisation durch Rituale lernen. Sie haben tausend Ideen, sind kreativ, verlieren oft aber auch Ordnungsprinzipien aus dem Sinn. Diese sollten zunächst deutlich gemacht werden und nicht als selbstverständlich vorausgesetzt werden.

Wenig hilfreich sind Anweisungen, Kommentare oder Drohungen wie:

- Räum` dein Zimmer mal auf!
- Bei dir sieht es ja unmöglich aus! Meinst du nicht, dass du dich in einem aufgeräumten Zimmer wohler fühlst?
- Kein Wunder, dass du dein Bioheft nicht abgeben konntest. Bei so einem Chaos würde ich auch nichts finden.
- Nimm dir ein Beispiel an Laura. Sie räumt ihre Spielsachen weg und es sieht in ihrem Schrank immer ordentlich aus!
- Selbst Schuld! In so einem Durcheinander würde ich auch nicht gerne mit dir spielen!
- Wenn dein Zimmer gleich nicht pikobello aufgeräumt ist, kannst du das Fernsehen diese Woche vergessen!

Diese Bemerkungen können das Gegenteil bewirken – Protest und schlechte Laune. Aufgeräumt wird auch mit solchen Appellen nicht, sondern nur, wenn klar vorgegeben wird, wann und wie. Je konkreter, umso besser.

Tipps, um Chaos zu minimieren:

- Feste Regeln vorgeben, wie: Jeden Abend sind alle Anziehsachen weggeräumt. Saubere Wäsche in den Schrank, dreckige in den Wäschekorb. Dies können auch schon Vorschulkinder trainieren, dann klappt das Anziehen meistens auch morgens besser.
- Spielsachen nach jedem Spiel, spätestens abends wegräumen. Wenn dies alleine noch nicht klappt, weil alles zum Weiterspielen anregt und man von der Idee „Aufräumen" abgelenkt wird, dann helfen Sie zunächst bei der zeitnahen Durchführung.
- Sortieren Sie zusammen Spielsachen, Bauklötze, Puppenkleider u.a. nach Kategorien in beschriftete Kisten.
- Schulkinder räumen abends ihren Schreibtisch leer, damit sie am nächsten Tag nicht das Unlustprogramm „Aufräumen" vor dem Start in die Hausaufgaben zusätzlich bewältigen müssen.
- Schaffen Sie für Bücher und Hefte farbige Umschläge und Stellordner an, damit die Orientierung und das Sortieren schneller gehen.
- Wenn immer wieder Essensreste, Joghurtbecher und dreckiges Geschirr im Zimmer zu finden sind, bewährt sich die Regel: Essen findet in der Küche oder am Esstisch statt und nicht im Kinderzimmer.
- Reduzieren Sie Spielzeugangebote, wenn Ihr Kind zu sprunghaft im Spiel ist und keine Ausdauer entwickelt: weniger ist in diesem Fall mehr.

Das gesamte Zimmer komplett aufräumen ist auch für Jugendliche zum Scheitern verurteilt, wenn Prinzipien nicht klar sind und nicht geübt wurden. Fangen Sie in kleinen Schritten möglichst früh mit dem Training an. Ein Vorschulkind sollte ein bis zwei Aufträge erhalten, die mit Ihrer Hilfe höchstens 10 min dauern: erst die Legosteine in die Kiste, dann die Buntstifte in die Schublade. Auch hier gilt das Motto: Schritt für Schritt zum Ziel und das immer öfter. Vergessen Sie nie das Lob.

Aufräumen fördert Handlungsplanung und Gedächtnisfunktionen

Aufräumen nur als Selbstzweck, weil ein Haushalt ordentlich zu sein hat? Sehen Sie das Ordnung-Schaffen auch einmal unter dem Aspekt der Entwicklungsförderung. Wenn nach System Dinge weggeräumt werden, wird mit Handlungsplan konsequent ein Ziel verfolgt. Dies soll in der Schule auf andere Wahrnehmungsverarbeitungsprozesse übertragen werden.

Sie können beim Sortieren von Spielsachen die Motivation noch erhöhen und die Verknüpfung zu kognitiven Inhalten verstärken durch kleine Aufräum-Spiele:

- Wir räumen alle Stifte in der Reihenfolge weg: die längsten zuerst, dann die etwas kürzeren...
- Wir räumen die Bauklötze nach Farben weg: zunächst die roten, dann die blauen...
- Wir räumen im Zimmer alle Teile weg, die mit A beginnen, dann alles, was mit T beginnt...

Aufgaben im Alltag sind Neurojogging und fördern kognitive Fähigkeiten.

3

3.2. Familien-Regeln bedeuten Orientierung

Trauen Sie sich, Regeln aufzustellen und konsequent zu sein! Kinder finden dies letztendlich gut – auch wenn es in der konkreten Situation Protest gibt. Sorgen, dass Ihr Kind Sie nicht mehr liebt, wenn Sie klare Vorgaben machen, sind unbegründet. Kinder wünschen sich Eltern, die ihnen Halt geben und es ihnen ermöglichen, sich in der Welt zurechtzufinden. ADS-Kinder sind besonders auf Orientierung angewiesen und müssen über Regeln und Rituale lernen, ihren Alltag zu organisieren und Aufgaben zu bewältigen.
Es ist einfacher, Regeln für das Miteinander und alltägliche Abläufe vorzugeben, als ständig über das Gleiche zu diskutieren, Enttäuschungen hinzunehmen und sinnlos Energien zu verlieren. Jede Gemeinschaft, jedes Spiel, jeder Sport hat deshalb feste Regeln – sonst herrscht Chaos. Es gebe ansonsten viel Streit und wenig Spaß miteinander. Auch in Familien dienen Regeln zur Vermeidung von Konflikten und zur Stressreduktion. Feste Regeln zeigen Kindern: Ich behalte dich im Blick, sorge mich um dich und du bist mir nicht egal. Zuviel Freiraum ist beängstigend und überfordert Kinder. Jede Familie setzt ihre eigenen Prioritäten. Sie als Eltern legen Ihre Familien-Regeln fest und berücksichtigen natürlich dabei die Bedürfnisse aller.

Tipps für einige Familien-Regeln

- **Wir reden freundlich miteinander – ohne Schimpfwörter und ohne Geschrei.**
- **Hauen, Gegenstände werfen und jemand anderen verletzen wird nicht geduldet.**
- **Es gibt feste Zeiten für Mahlzeiten. Wir essen gemeinsam am Tisch.**
- **Wir bleiben alle beim Essen gemeinsam sitzen. Spielsachen und Comics kommen nicht mit an den Tisch. Der Fernseher bleibt aus.**
- **Über Medienzeiten für Fernsehen und PC-Spiele entscheiden wir Eltern. Wir besprechen zusammen, was du schauen und spielen kannst.**
- **Jeder übernimmt bei uns Aufgaben im Haushalt. Dafür gibt es einen Plan.**

Was kann schief laufen? Die häufigsten Eltern-Fehler

Sie haben das Gefühl, Ihr Kind nimmt Sie nicht ernst und schaltet immer auf stur. Das regt Sie auf und manchmal geht mit Ihnen der Ärger auch durch. Sie schimpfen, machen Vorhaltungen oder verzweifeln. Natürlich passiert dies allen Eltern, es sollte nur nicht jeden Tag ein Reaktionsmuster sein. Sie befinden sich dann in einem Teufelskreis.

„Du bist unerträglich!“

Sprüche wie „Dauernd hängst du vor dem Fernseher, du bist den ganzen Tag nur faul!“ oder „Du bist unerträglich!“, „Du taugst zu nichts!“ sind Ärgerreaktionen, die als ständiges Meckern bei Ihrem Kind ankommen. So werden nicht konkrete Situationen benannt, sondern allgemein die Persönlichkeit Ihres Kindes angriffen. Dies sind keine Hilfen, Anforderungen wirklich besser zu bewältigen, sondern dem Kind wird vermittelt, dass man ihm sowieso nichts zutraut.

Auch Warum-Fragen bringen nicht wirklich weiter, wenn Ihr Kind die Hausaufgaben nicht vollständig erledigt oder die Schwester geärgert hat. Haben Sie jemals eine vernünftige Antwort bekommen? In der Regel provoziert die Warum-Frage Trotz-Reaktionen.

„4 Wochen Hausarrest!“

4 Wochen Hausarrest oder das Fußballspiel-Verbot: sind dies sinnvolle Konsequenzen? Nein, denn 4 Wochen Hausarrest halten Sie in der Regel nicht durch, und Sie werden als Autorität unglaubwürdig. Auspowern im Sport wollen Sie doch nicht ernsthaft verbieten? Es folgen sonst mehr „Schlechte-Laune-Phasen“, Eskalationen und Ihrem Kind wird als Alternative sofort PC-Spielen oder Fernsehen einfallen. Sie haben dann wieder ein neues Problem.

Ihr Kind erfährt keine Orientierung

Ignorieren und alles Laufenlassen - bringt das mehr Ruhe? Nein, Sie werden als Dirigent nicht wahrgenommen, Ihr Kind erfährt keine Orientierung und erlernt keine Bewältigung von Muss-Situationen. Es wird machen, was es will, ohne wirklich Ziele zu verfolgen. Und es fühlt sich nicht ernst genommen. Es wird um Aufmerksamkeit kämpfen durch noch unmöglicheres Verhalten oder verzweifeln und Sie als Vertrauensperson ablehnen.

Welche Eltern-Fehler kommen häufig vor?

0 = nie oder fast nie **1** = manchmal **2** = oft **3** = sehr oft
Insgesamt sind weniger als 5 Punkte erstrebenswert.

Test

0 1 2 3 Ich mache meinem Kind Vorwürfe.

0 1 2 3 Ich kritisiere mein Kind in einem gereizten Ton.

0 1 2 3 Ich stelle Warum-Fragen bei Regelverstößen.

0 1 2 3 Ich ignoriere mein Kind und lasse vieles einfach laufen.

0 1 2 3 Ich drohe in meinem Ärger Bestrafungen an, die oft nicht durchgeführt werden können.

Summe: ______________________

Die Tipps, wie Sie sich als Eltern auf die Besonderheiten Ihres ADS-Kindes einstellen können, werden Ihnen dabei helfen, wenig erfolgreiche Erziehungsmuster abzulegen und in Ihrer Elternkompetenz sicherer zu werden. Wenn es trotzdem nicht gut gelingen sollte, besprechen Sie die Situationen und die Problematik Ihres Kindes mit einer Fachfrau/ einem Fachmann. Bei einer ausgeprägten ADS-Problematik muss die Therapie intensiviert werden und Hilfestellungen für Ihr Kind diskutiert werden, damit es gelingt, Erfahrungen im Alltag positiv zu gestalten.

3.3. Klartext reden – keine langen Predigten

Alle Kinder schalten gern auf Durchzug, besonders wenn unbequeme Dinge anstehen. Eltern von ADS-Kindern veranlassen oft eine Audiometrie zu Überprüfung des Hörvermögens, weil ihre Kinder in diesen Situationen oft überhaupt nichts mitbekommen. Der Hörtest ist in den allermeisten Fällen in Ordnung. Nur schalten ADS-Kinder noch schneller ab oder gar nicht auf Empfang, wenn sie etwas erledigen sollen. „Nicht-Hören" scheinen sie perfekt zu können.

Noch mehr erklären, warum etwas getan werden muss, lauter werden, Vorhaltungen machen oder drohen führen nicht dazu, dass Ihr Kind lernt, einfach lästige Pflichten ohne Kommentare schnell zu erledigen. Sie müssen zunächst erreichen, dass Anweisungen wirklich ankommen und wahrgenommen werden. Deshalb formulieren Sie diese so klar und kurz wie möglich. Unterstreichen Sie die Wichtigkeit der Infos mit Gestik und Blickkontakt. Auch allgemeine Wünsche, wie „Sei lieb!" oder „Benimm dich!" führen kaum dazu, dass konkrete, wünschenswerte Verhaltensmuster geübt werden.

Wenig hilfreich ist

- **Sie rufen aus einem anderen Zimmer Ihrem Kind etwas zu.**
- **Sie schütteln es, schimpfen und verkündigen ungehalten weitere Anweisungen, da es beim ersten Mal nicht reagiert hat.**
- **Sie erklären „stundenlang", was Sie alles im Haushalt tun und warum überhaupt ein Kind mithelfen soll.**
- **Sie benutzen negative Formulierungen und Abwertungen, wie „Dir kann man ja sagen was man will, du machst nie etwas!" oder „Du tust immer nur..."**

Tipps wie man Anweisungen am besten formuliert

- Klare, kurze Anweisung statt langer Erklärung.
- Positive Formulierungen kommen besser an als Verbote.
- Der Ton macht die Musik: Aufforderung nüchtern und bestimmt – nicht leise, weinerlich oder aggressiv.
- Gesten sind oft hilfreicher als viele Worte. Berühren Sie Ihr Kind auf der Schulter oder gehen in die Hocke, um auf gleicher Augenhöhe zu sprechen.
- Ich-Botschaften formulieren.

Einige Beispiele: So geht`s am besten

Wenig konkrete Aufforderung	Besser: Klare, kurze Anweisung
„Schon wieder schaust du stundenlang diese dummen Comicsendungen. Mach doch `mal etwas Vernünftiges."	„Ich möchte, dass du den Fernseher ausschaltest."
„Wie oft habe ich dir schon gesagt, dass du deine Schwester nicht hauen sollst. Findest du das schön?"	„Hör sofort auf. Geh bitte in dein Zimmer."
„Was denkst du, habe ich schon den ganzen Tag getan. Gestern hast du den Müll schon nicht weggebracht und heute gibt es wieder Theater. Kannst du denn gar nichts?"	„Tim, nimm bitte sofort den Mülleimer in die Hand und leere ihn aus."
„Hier sieht es aus, als hätte eine Bombe eingeschlagen. Räum endlich einmal dein Zimmer auf!"	„Ich möchte, dass du bis heute Abend um 18 Uhr die Spielsachen in die Kisten geräumt hast."

Negative Formulierungen	Besser: positive Formulierungen
„Lass doch nicht immer alles liegen!"	„Häng deine Jacke auf und stell den Ranzen in dein Zimmer."
„Schrei nicht so laut!"	„Sprich bitte leiser."
„Kipp dein Glas nicht um!"	„Stell das Glas vorsichtig vor deinen Teller."

3.4. Pflichten erledigen will geübt sein – am besten mit dem Punkteplan

Regeln einhalten und Pflichten erledigen ist jeden Tag eine Herausforderung und kostet Energie. Manche Eltern geben frühzeitig auf und überlassen die Bewältigung von Anforderungen dem Lustprinzip der Kinder. Nur, kann man so wirklich selbstständig werden, Verantwortung übernehmen und erfolgreich sein? Nein, alle, und natürlich auch ADS-Kinder müssen lernen, Unbequemes zu erledigen, Rücksicht auf andere zu nehmen und sich Ziele zu erarbeiten. Einstellungen wie „Ich erledige am besten etwas sofort, dann habe ich es hinter mir!" sind hilfreich, aber für impulsive ADS-Kinder zunächst nicht selbstverständlich. Sie entscheiden meistens im Moment, immer nach dem Lustprinzip und haben die Konsequenzen nicht im Blick. Alle Eltern kennen die Kommentare „Gleich" oder „Warte, erst muss ich..." – dies heißt oft: zig Aufforderungen, manchmal Geschrei oder es wird vergessen. Nur selten wird etwas Unbequemes unmittelbar erledigt, es sei denn, Abläufe haben sich schon eintrainiert.

Nutzen Sie Automatisierungsrunden mit positiven Verstärkern: den Punkteplan.

Belohnungspläne sind definiert als Hilfen für Trainingsrunden für immer wiederkehrende Abläufe und Pflichten. Sie haben mehrere Vorteile:

- Anweisungen werden schriftlich fixiert – nach dem Motto: weniger reden mehr handeln. Eskalationen werden dadurch vermieden.
- Ziele sind klar formuliert und werden nicht diskutiert.
- Anstrengung wird belohnt – positives Verhalten verstärkt.
- Begeisterungsfähigkeit wird genutzt, um gewünschte Verhaltensmuster zu automatisieren.
- Es wird betont, was Eltern wichtig ist und konsequent als Ergebnis eingefordert.
- Ihr Kind erfährt Verlässlichkeit und Orientierung für schwierige Situationen.

Vorlagen für den Punkteplan können Sie kostenlos unter www.opti-mind.de herunterladen.

Benutzen Sie den Mini-Punkteplan

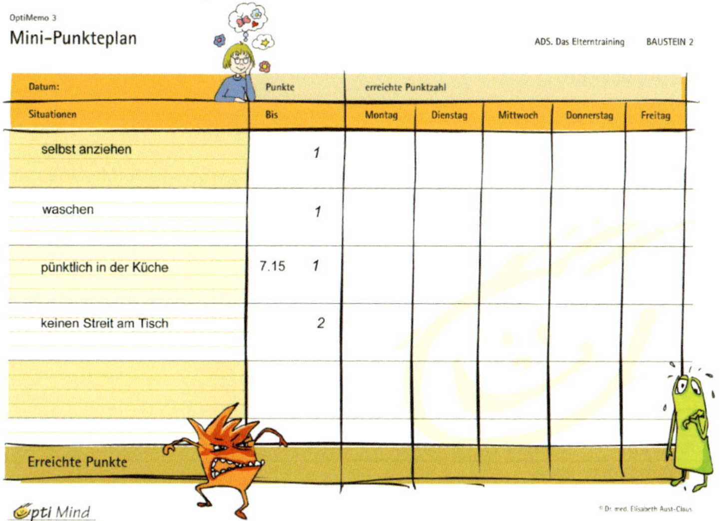

OptiMemo 3

Mini-Punkteplan

ADS. Das Elterntraining BAUSTEIN 2

Datum:	Punkte	erreichte Punktzahl				
Situationen	Bis	Montag	Dienstag	Mittwoch	Donnerstag	Freitag
selbst anziehen	1					
waschen	1					
pünktlich in der Küche	7.15 1					
keinen Streit am Tisch	2					
Erreichte Punkte						

OptiMind

© Dr. med. Elisabeth Aust-Claus

Wenig hilfreich ist ein Punkteplan, wenn

- er zu umfangreich ist und zu einem „großen Wunschzettel der Eltern" wird.
- allgemeine Ziele, wie „Lieb sein!" definiert werden.
- der Zeitrahmen für die Bewältigung der Aufgabe nicht festgelegt ist, wie die Aufforderung „Für die Arbeit lernen".
- erreichte Punkte nicht direkt eingetragen werden.
- Belohnungen nicht reizvoll sind, wie z.B. Süßigkeiten bekommen, obwohl man sie bei der Oma frei zur Verfügung hat.

Tipps für den Punkteplan

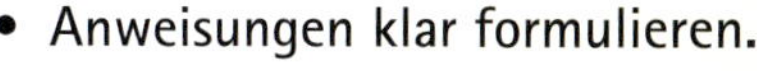

- Anweisungen klar formulieren.

- Ziele festlegen – Zeitfenster eingrenzen.
- Mit 1-2 Trainingsrunden anfangen.
- Belohnungen müssen reizvoll für das Kind sein.
- Belohnungen müssen in einem überschaubaren Zeitraum zu erreichen sein.

Annas Punkteplan ist eine „Wunschliste der Eltern"

Annas Punkteliste

Von_______ bis________

	PZ	Mo	Di	Mi	Do	Fr	Sa	So	Mo	Di	Mi	Do	Fr	Sa	So	Summe
Auf Mama und Papa hören	1															
Guten Morgen/guten Abend	1															
Hausaufgabe im Hort gemacht	3															
Fernsehen aus	1															
Übungen zu Hause 15 Min.	2															
Laut und deutlich sprechen	1															
gerade laufen	1															
Sonstiges																
Summe																
+ Übertrag																
= Gesamtpunktezahl																

Dieser Punkteplan ist schwer einzuhalten. Die Eltern von Anna (8 Jahre) haben viele Wünsche und diese als Ziele auf dem Punkteplan angeben. Sie kommen ganz enttäuscht in die Sprechstunde, weil es ständig Diskussionen gibt und Anna alles ungerecht findet. Was heißt für die Eltern „Auf Mama/Papa hören", was heißt dies für Anna? Was bedeutet „Guten Morgen/Guten Abend"? Für die Eltern heißt dies, sie wünschen sich weniger Stress. Anna soll sich allein anziehen, zum Frühstück kommen, nicht trödeln und nicht motzen. Abends soll sie einfach um 20 Uhr in ihr Bett gehen und einschlafen. Dies sind noch schwierige Aufgaben für Anna, denn sie trödelt und motzt jeden Morgen, findet ihre Anziehsachen nicht und hat noch kein Zeitgefühl. Abends kann sie nicht einschlafen, kommt ständig aus ihrem Zimmer und hat tausend Fragen. Die Empfehlung an die Eltern: eins nach dem anderen. Kleine Trainingsrunden mit klaren Formulierungen, was Anna tun soll, führen zum Erfolg.

Punktepläne aufstellen, Herausforderungen täglich meistern und nicht der „Spaßpädagogik" nachgeben ist auch für Eltern anstrengend. Geben Sie nicht auf und räumen Ihrem Kind nicht jede Schwierigkeit aus dem Weg, indem Sie alles tun, ohne etwas zu verlangen. Sie werden ansonsten immer mehr die Rolle als Personal Ihres Kindes einnehmen und Ihr Kind hat keine Chance selbstbewusst und selbstständig zu werden. Es bleibt in einer egozentrischen Entwicklungsphase hängen. Mithelfen bedeutet auch, gebraucht zu werden. Ihr Kind tut etwas für die Gemeinschaft und erhält prompt Lob. Auch dies fördert emotional-soziale Kompetenzen.

Eintragen von Punkten muss direkt nach Erledigung der Aufgabe durch die Eltern erfolgen. Am besten hängt der Punkteplan in der Küche. Auch Geschwister können etwas üben und einen Punkteplan bekommen, natürlich mit anderen Trainingszielen. Als Belohnung hat sich das Verdienen von Medienzeiten gut bewährt. Dies setzt voraus, dass in der Familie der Gebrauch von Medien klar geregelt ist. Die härteste elterliche Währung ist Aufmerksamkeit und Interesse! Kinder freuen sich über festgelegte Spielzeiten, einen besonderen Ausflug, gemeinsam ins Kino gehen...

Wichtig zu wissen!

Sie können Ihr Kind auch eine Wunschliste ausfüllen lassen.

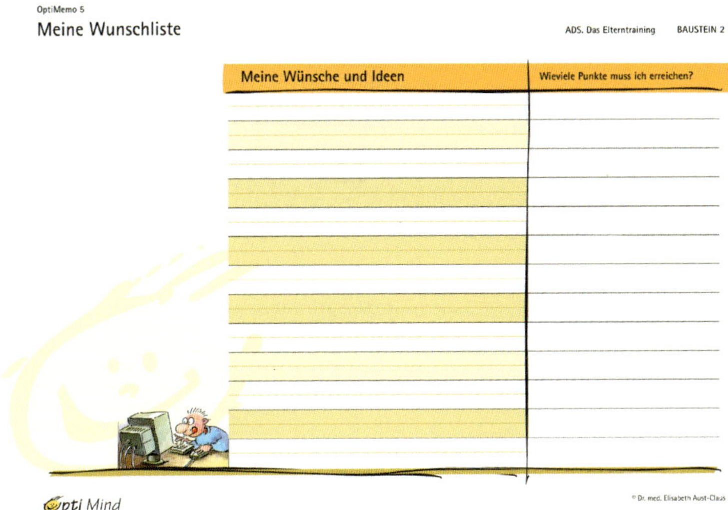

OptiMemo 5

Meine Wunschliste

ADS. Das Elterntraining BAUSTEIN 2

Meine Wünsche und Ideen	Wieviele Punkte muss ich erreichen?

Opti Mind INSTITUT

© Dr. med. Elisabeth Aust-Claus

Diese abgebildete Wunschliste können Sie kostenlos unter **www.opti-mind.de** herunterladen und ausdrucken.

3.5. Fernsehen, PC & Co – die Benutzung muss trainiert werden

Reagiert Ihr Kind oft mit Diskussionen und Wutanfällen, wenn es den Fernseher, den PC oder die Spielkonsole ausmachen soll? Machen Sie sich Sorgen, weil Ihr Kind nicht mehr zum Spielen geht, sondern seine Freizeit gestaltet mit Flimmerkisten-Zappen, mit Erkämpfen von Punkten in hektischen, elektronischen Spielen oder stundenlangem Chatten? Dann wird es höchste Zeit, etwas zu ändern.
Die meisten Kinder sind von bunten, bewegten Bildern im Fernsehen oder von den schnellen Reaktionsspielen auf der Spielkonsole oder dem PC fasziniert. ADS-Kinder ganz besonders, weil sie Stimulationen suchen oder gerne in eine andere Welt abtauchen.
Bei PC-Spielen ist der Benutzer Chef, es passiert immer etwas, es gibt ein schnelles Feedback und man kann unendlich lange einfach probieren. Computer schimpfen nicht und sind nicht nachtragend. Viele elektronische Spiele bieten ohne viel Anstrengung eine Flut von Erfolgserlebnissen. Kontakte im Chatroom sind schnell hergestellt, aber auch beliebig. Alles dies kommt ADS-Kindern entgegen, die Mühe mit langwieriger Handlungsplanung haben, die gerne immer sofort reagieren möchten oder ungern lange Gespräche führen, um Kontakte zu bekommen.

Natürlich gehören die neuen Medien mittlerweile zu unserer Welt. Sie dienen der Eroberung einer spannenden Wissenswelt und bieten Möglichkeiten, weltweit schnell zu kommunizieren. Außerdem sind sie spannend. Allerdings müssen Kinder die Benutzung lernen und vor Gefahren durch unkontrollierten Gebrauch geschützt werden. Eltern nehmen am besten diese Herausforderung aktiv an, setzen sich trotz Widerständen durch und trainieren Medienkompetenz.

Bilanz aus wissenschaftlichen Untersuchungen:

Zuviel Fernsehen, stundenlang am PC spielen und chatten kann zu folgenden Probleme führen:

- Schlechte Noten und Lernunlust.
- Das Gehirn kann sich Inhalte des Lernstoffes nicht merken, das Üben war umsonst.
- Freundschaften werden vernachlässigt.
- Die virtuelle Welt wird wichtiger als reale Beziehungen.
- Figuren aus Sendungen oder PC-Spielen bekommen eine zentrale Bedeutung und werden zu Vorbildern.
- Kinder können aufgekratzt, ängstlich oder gereizt sein.
- Kinder bewegen sich weniger und erleben nicht den Spaß bei Sport und anderen Freizeitaktivitäten.
- Rückenprobleme, Übergewicht und mangelnde Körperbeherrschung beeinträchtigen die Lebensqualität.

Ihr Kind hat Spaß an Unterhaltung und Abwechslung. Ein Tastendruck ermöglicht ihm, eine andere Welt in sein Zimmer zu holen oder von einem Ereignis zum nächsten zu springen. Es wird sich nicht freiwillig gegen diese „Lustprogramme" entscheiden und schon gar nicht über Folgen nachdenken, wenn die Medien zu viel Raum in seiner Erfahrungswelt einnehmen. Absolutes Verbot ist kontraproduktiv. Eltern sollen Kinder an einen vernünftigen Umgang mit Medien heranführen. Sie müssen auf die Qualität der Sendungen, Spiele und Webseiten achten. Scheuen Sie sich nicht, Grenzen zu setzen und Orientierung im „Mediendschungel" zu geben.

Tipps für den Umgang mit elektronischen Medien:

- Eltern sind „Chef" über die Nutzung von Fernsehen, PC und elektronischen Spielen.
- Eltern sollten über die PC-Spiele Bescheid wissen und den Mut haben, ungeeignete Spiele nicht zu erlauben.
- Der Fernseher darf nicht aus Langeweile und zum „Zappen" angeschaltet werden. Sendungen werden gezielt mit den Eltern ausgewählt.
- Surfen und Chatten nur mit klaren Regeln.
- Elektronische Medien sind kein Babysitter oder Ersatz für Hobbies und Freunde. Verhindern Sie, dass sie zur vorrangigen Freizeitbeschäftigung werden.
- Fernsehen und PC gehören nicht ins Kinderzimmer.
- Das Fernsehen läuft nicht beim Essen oder bei Hausaufgaben.
- Interessieren Sie sich für die Sendungen und PC-Aktivitäten ihres Kindes, schauen Sie Filme auch gemeinsam an und tauschen sich aus.
- Festlegen von Medienzeiten:
    - Kinder bis 6 Jahre nicht länger als ca. 30 min.
    - Kinder von 6-7 Jahren nicht länger als ca. 30-45 min.
    - Kinder von 8-9 Jahren nicht länger als ca. 60 min.

Weitere Tipps und Infos zum Thema Medienkompetenz:

- Infos zu der Bewertung von Fernsehsendungen: www.flimmo.de
- Infos zum sicheren Surfen und Chatten im Netz: www.klick-tipps.net, www.klicksafe.de oder www.chatten-ohne-risiko.net
- Kindgerechte Suchmachine und „Positiv-Liste" für Benutzung des Internets: www.blindekuh.de
- Tipps und die Broschüre zum downloaden „Geflimmer im Zimmer" vom Bundesministerium für Familie: www.bmfsfj.de

3.6. Stopp für Wutreaktionen

Provokationen, Schimpfwörter und Wutanfälle sind nicht geplant. Sie passieren immer wieder, wenn die Stimmung kippt. Es hilft, sich zunächst einmal klar zu machen, was genau passiert und warum die Reaktionen bei Ihrem Kind so heftig sind. Sie haben sicherlich schon ausprobiert und festgestellt, mit Erklärungen und „guten Worten" ändert sich das negative Verhalten nicht.

>> *Lukas kommt geladen aus der Schule. Er ist sauer und muss seine Wut direkt bei der ersten Gelegenheit herauslassen. Er schimpft über das Mittagessen, nie kocht Mama etwas Leckeres, die Schwester schmatz, alles stört ihn und ein Wort gibt das andere... Es kommt letztendlich auch zur Beschimpfung der Mutter als „Blöde Kuh!" ...*

Was tun? Fragen, was in der Schule los war? – Lukas reagiert mit weiteren verbalen Kraftausdrücken und verschont dabei auch nicht die Lehrerin. Er fühlt sich wieder einmal ungerecht behandelt und wurde von Bastian geärgert. Fragen, warum er die Mutter als „Kuh" bezeichnet? Oder warum er vulgäre Begriffe benutzt? – Lukas würde in seiner Wut wahrscheinlich noch mehr animiert, weitere Schimpfwörter kundzutun oder patzig zu antworten: „Stimmt doch! Ihr seid alle sch...!"
Alles ignorieren? – Lukas testet Grenzen gerne aus und provoziert Reaktionen, deshalb könnte es sein, dass er dann noch heftiger reagiert und wütend tritt, ausflippt...
Was bremst Wutreaktionen und Schimpfwörter am besten? – Ein klares Stopp. „Ich will nichts mehr hören! Wir reden später darüber!" oder „Diese Wörter möchte ich hier nicht hören. Stopp! Geh in dein Zimmer!"

Es ist zunächst wichtig, die Wutreaktion zu stoppen und keine weiteren Eskalationen zu provozieren.

In der aufgeladenen Situation ist ein ADS-Kind für Erklärungen und liebevolle Worte nicht zugänglich. Es will Wut loswerden und reagiert unangemessen heftig. Die mangelnde Steuerung von Reaktionen, dies nennt man auch Impulsivität, ist das Problem. Wutanfälle sind ausgelebte Emotionen und haben in der Regel nichts mit geplanten Handlungen zu tun. Ihr Kind hat seine Wutreaktion nicht vorher überlegt, deshalb helfen auch keine Warum-Fragen oder Analysen mit Vorhaltungen.
Wenn die Gemüter wieder abgekühlt sind, kann man das Zustandekommen der Frustration und adäquate Reaktionsmöglichkeiten besprechen – aber erst dann und in Ruhe.

Wenig hilfreich

- Vorhaltungen und Beschimpfungen
- Bitten und Betteln
- Ignorieren
- Strenge Strafen und körperliche Gewalt
- Meinung des Kindes belächeln oder sarkastisch werden

Tipps um Wut zu stoppen

- Setzen Sie einen klaren Stopp!
- Verwenden Sie Ich-Botschaften: Ich möchte, dass du das lässt!
- 1,2,3-Regel: Ich zähle jetzt bis drei, dann ist Schluss.
- Sorgen Sie mit dafür, dass Ihr Kind den Raum verlässt, oder Sie gehen weg.
- Achten Sie darauf, dass sich der Wutanfall für Ihr Kind nicht lohnt, und z.B. eine Pflicht später trotzdem erledigt werden muss.
- Loben Sie Ihr Kind, wenn es ihm gelingt, Wut in den Griff zu bekommen.

Auch ADS-Kinder möchten ihre Wutanfälle wegzaubern können

Wie empfinden ADS-Kinder eigentlich ihre Wutanfälle? Manche Eltern glauben einem läppisch dahingesagten Kommentar „Mir doch egal!" und denken, ihrem Kind machen diese Eskalationen nichts aus. Andere Kinder sind abends beim Kuscheln traurig und weinen, weil sie wieder ausgerastet sind und Schimpfwörter benutzt haben. Sie versprechen, am nächsten Tag wirklich alles besser zu machen und nie wieder „böse Wörter" zu sagen! Wenn dies so einfach wäre! Alle ADS-Kinder – auch sehr motzig-impulsive – sind sensibel und leiden unter ihren ungesteuerten Emotionen. Sie fühlen sich ihrer Impulsivität ausgeliefert und möchten natürlich die Wutanfälle wegzaubern können. Sie können dies oft nur nicht in Worten und passenden emotionalen Reaktionen ausdrücken – dies gehört zu ihrem Handicap ADS.

Tim antwortet auf die Zauberfrage:

Also, wenn ich zaubern könnte, dann wünschte ich mir

1. *...dass ich mich konzentriere.*
2. *...dass sie nicht mehr so frech sind.*
   (Er meint seine Klassenkameraden, die ihn immer wieder ärgern. Er wird provoziert, reagiert aber auch zu heftig und ist in der Schule schon als „schwarzes Schaf" verschrien.)
3. *...dass die Wut weg ist. Weit weg in China.*
   (Er malt sogar das Flugzeug, das die Wut wegtransportiert. Sie lässt ihn dann in Ruhe, und er eckt nicht mehr an. Er kann sich dann mit seinen Freunden, seinem Bruder und seinen Eltern vertragen und muss nicht immer ausrasten.)

So erleben ADS-Kinder Wut

Lea: Mir rutschen sofort Schimpfwörter heraus.

Patrick: Die Wut ist wie ein Hurrikan: er kommt plötzlich, ganz heftig und ist schnell wieder weg. Er macht aber viel kaputt.

Jan: Wenn jemand mich reizt, explodiere ich sofort!

Rene: Wut steigt bis in den Kopf – dann platze ich!

Wenn Sie noch mehr über die Gefühlswelt von ADS-Kinder erfahren möchten, schauen Sie sich die Zusammenstellung auf der interaktiven CD-ROM „ADS aus Sicht der Kinder" (Optimind media) an.

Eltern, die diese Wutanfälle als impulsive Reaktionen verstehen lernen, können besser Lösungen suchen und fühlen sich nicht persönlich durch Schimpfwörter angegriffen. Wutreaktionen und Benutzung von Schimpfwörtern müssen gestoppt werden! Aber erwarten Sie nicht von Ihrem ADS-Kind, dass es dies schafft über Moralpredigten und Abverlangen von Versprechungen.

Anabel möchte Ausraster wieder gutmachen

Herz und Teufel in einem – das bin ich!

>> *Anabel malt sich selbst als Herz und Teufel in einem. Sie kann sehr lieb und anhänglich sein, aber bei der kleinsten Frustration völlig ausrasten. Sie kann sich nicht bremsen und beschimpft auch ihre Mutter. Abends möchte Anabel immer gerne kuscheln und liebt dieses Ritual vor dem Einschlafen. Die Mutter nutzt diese netten Minuten, um ihr noch einmal vorzuhalten, wie weh ihr die Schimpfwörter getan haben. Anabel tut alles leid, sie verspricht, morgen bestimmt „ganz lieb" zu sein. Kann sie das Versprechen wirklich halten? Am nächsten Morgen gibt es sofort wieder Streit mit dem Bruder. Am Frühstückstisch wirft sie in ihrer Hektik wieder einmal die Milch um. Die Mutter ist enttäuscht, unter „lieb sein" stellt sie sich etwas Anderes vor. Anabel ist nicht nur wieder am Morgen „unmöglich" und motzig, sondern sie hat sich noch nicht einmal für ein paar Stunden an ihr Versprechen gehalten.*

Kann man Anabels Verhalten wirklich so bewerten? – Nein! Anabel möchte „lieb sein", sie möchte ein gutes Verhältnis zu ihren Eltern haben, nur macht ihr ihre Impulsivität im Rahmen der ADS-Problematik immer wieder einen Strich durch die Rechnung. Es passiert einfach. Sie kann es nicht ausreichend gut steuern. Anabels Eltern haben gelernt, dass sie ihre Emotionen nur durch Trainingsrunden und therapeutische Hilfen besser in den Griff bekommt. Sie ringen ihrer Tochter keine Versprechungen mehr ab und verhindern bittere Enttäuschungen. Sie genießen zusammen die Kuschelzeiten und freuen sich, wenn Anabel einige Anforderungen schon ohne Diskussionen meistert. Die gebastelten Geschenke werden natürlich besonders gewürdigt, ohne „Aber, weiß du..." zu sagen.

4 Selbstvertrauen und Freunde – die Basis für Zufriedenheit

Hier erfahren Sie:

- >> Nur Probleme – oder sonst noch etwas? Positives entdecken und verstärken
- >> Gemeinsam Schönes erleben
- >> Hobbies, Freunde und Sport sind wichtig
- >> Erfolge registrieren – Notizen für Eltern

Jedes Kind hat besondere Stärken!

4.1. Nur Probleme – oder sonst noch etwas? Positives entdecken und verstärken

ADS-Kinder sind nicht nur schwierig. Sie haben auch besonders liebenswerte Seiten. Allerdings nehmen in manchen Familien die täglichen Kleinkriege soviel Raum ein, dass Positives und individuelle Stärken des Kindes nicht mehr registriert werden. Ärger bleibt bei Eltern viel länger im Gedächtnis als „Selbstverständlichkeiten" oder nette Zeiten. Versuchen Sie den Scheinwerfer Ihrer Aufmerksamkeit auch auf schon Erreichtes und positive Momente zu lenken!
Vieles ist für Ihr ADS-Kind nicht selbstverständlich – es wurde durch hartes Training erreicht. Dies verdient Beachtung und Lob. Würdigen Sie Bemühung und Anstrengung. Lob hilft immer zu motivieren. Wer nur kritisiert, nimmt seinem Kind jeden Mut und den Glauben, etwas wirklich schaffen zu können.

Info!

Wissenschaftliche Untersuchungen bestätigen:

Der wichtigste Baustein für ein glückliches, erfolgreiches Leben ist ein gutes Selbstbewusstsein

Stellen Sie sich vor, es stünde in Ihrer Macht, Ihrem Kind eine wichtige Eigenschaft zu schenken, die ihm ein sinnvolles, glückliches, erfolgreiches Leben ermöglicht. Welche wäre das?
Selbstwertgefühl, sagen Experten aus der Wissenschaft. Nichts stärkt ein Kind mehr als das Wissen: „Ich bin wunderbar. Niemand ist so wie ich."

Kinder sind widerstandsfähiger, belastbarer und lernfähiger, wenn zumindest ein Mensch in ihrer Umgebung fest an sie und ihre Fähigkeiten glaubt. Dann bewältigen sie sogar große Herausforderungen und schwere Krisen. Konzentriert man sich hingegen auf Fehler und Schwierigkeiten, können Kinder nur schwer erfolgreiche, das heißt tragfähige Lernstrategien entwickeln und bleiben in ihren Leistungen oft unter ihren Möglichkeiten.
Entwicklungspsychologen und Hirnforscher empfehlen drei Dinge:

1. Kritik positiv formulieren und sich darauf konzentrieren, was ein Kind schon kann.
2. Schwierige Aufgaben in kleinen, zu bewältigenden Schritten angehen.
3. Erfolge analysieren.

So bekommen Kinder ein Gespür für ihre Leistungsfähigkeit und für geeignete Lernstrategien.

Bei sehr anstrengenden, besonders bei den sehr impulsiven und „obercoolen" Kindern merken Eltern manchmal die wirkliche Not der Kinder nicht. In der Therapie werden die Sensibilität und das niedrige Selbstbewusstsein von ADS-Kindern aufgrund der vielen Misserfolge eigentlich immer deutlich. Sie brauchen nicht nur Hilfen, um sich besser zu konzentrieren, sondern auch eine umfassende Unterstützung im Selbstbewusstsein.

Max schreibt im Satzergänzungstest:

- Keiner - **will mit mir spielen**
- Ich bin - **faul**
- Hoffentlich - **finde ich mal einen Freund**
- Ich bin - **böse**
- Ich mache - **allen nur Kummer**
- Ich kann - **nicht aufpassen**
- Immer - **gibt es nur Ärger, Ärger, Ärger**
- Am liebsten - **wäre ich gut in der Schule**
- Ich bin - **der letzte Depp**

ADS-Kinder haben sich ihr Handicap nicht ausgesucht. Sie leiden auch darunter, obwohl sie es nicht immer in passenden Worten ausdrücken und Ihnen vermitteln können.
Einige Gedanken und Gefühle von ADS-Kinder zu ihren Problemen erfahren Sie in dem Multimedia-Seminar „ADS aus Sicht der Kinder" (Optimind media, www.opti-mind.de).

Damit Erfolgserlebnisse registriert werden und alle – auch Ihr Kind - Zutrauen zu seinen Fähigkeiten finden, machen Sie Positives deutlich. Setzen Sie den „Problembergen" das bewusste Wahrnehmen von schönen Momenten und besonderen Stärken Ihres Kindes entgegen.

4

Das Positiv-Tagebuch

Stellen Sie sich folgende Fragen und führen Sie ein Positiv-Tagebuch:

- Über was habe ich mich in den letzten Tagen besonders gefreut?
- Wann haben wir das letzte Mal etwas Tolles miteinander unternommen?
- Was hat in der letzten Woche schon gut geklappt?
- Was ist schon viel besser als vor 3 Monaten?
- Wann haben wir „unsere schönen Minuten" miteinander gehabt: gespielt, gekuschelt und miteinander geredet?
- Über was musste ich schmunzeln?

OptiMemo 7

Das Positivtagebuch

ADS. Das Elterntraining BAUSTEIN 2

Datum	Was lief gut
10.10.	Heute hat Max selbständig nach dem Essen mit seinen Hausaufgaben angefangen.
11.10	Max hat mit seiner Schwester 1 Std. Playmobil gespielt.
12.10.	Er hat heute ohne Motzerei freiwillig sein Diktat geübt.
13.10.	Hat sich selbst entschuldigt, als ihm wieder einmal Schimpfwörter rausgerutscht sind. Er hat sogar einen lieben Brief geschrieben.

Max' Mutter freut sich über kleine Gegebenheiten, wie:

- Heute hat Max selbstständig nach dem Essen mit seinen Hausaufgaben angefangen.
- Max hat mit seiner Schwester 1 Std. Playmobil gespielt ohne Streit.
- Er hat heute freiwillig sein Diktat geübt ohne Motzerei.
- Max hat sich selbst entschuldigt, als ihm wieder einmal Schimpfwörter rausgerutscht sind. Er hat sogar einen lieben Brief geschrieben.

Dies ist für Max alles nicht immer einfach. Es bedeutet, auch unliebsame Aufgaben zu starten, Frustration zu ertragen und seine Gefühle nicht direkt auszuleben. Er schafft es noch nicht immer, aber immer öfter!

Ein Positiv-Tagebuch zum selbst Ausfüllen können Sie kostenlos unter **www.opti-mind.de** downloaden und ausdrucken.

Sie können auch einfach einmal eine nette Gegebenheit aufschreiben, wie die Mutter von Jonas. Hierzu finden Sie auch ein Notizblatt unter **www.opti-mind.de**.

Notizen über Positives

Super!

Opti Mind Institut

Jonas: kann sehr stressen – oder er ist total lieb und fürsorglich

>> *Es gibt Tage, da ist es zum Verzweifeln: Jonas hat Kinder verprügelt, gebissen, weil er unbedingt ein bestimmtes Auto behalten wollte, nachmittags ist er weggelaufen, hat nicht gehört...*
Aber Jonas kann auch ganz anders sein: er ist fürsorglich und lieb. Jonas kocht sehr gerne und sorgt mit für unser Abendessen. Er geht dann in sein Zimmer, zieht gewissenhaft seine Schürze an und stellt sich an den Herd, um Tomatensoße oder ähnliches zu fabrizieren und Mama zu helfen.

In der letzen Woche, an einem Tag, als es besonders viel Ärger gab, kam er abends an mein Bett, um zu verkünden: „Mama, ich lese dir jetzt noch eine Gute-Nacht-Geschichte vor!". Ein ganzes Bilderbuch, bis zum Schluss und das, obwohl er noch nicht in die Schule geht. Er kennt schon alle Buchstaben und hat eisern geübt, um alle Wörter entziffern zu können...
Manchmal schreibt Jonas mir auch und entschuldigt sich für seinen Tobsuchtsanfall vom Nachmittag...
Ich muss Jonas einfach lieb haben. Es ist eine kleine starke Persönlichkeit – zwar mega anstrengend – aber auch einfach klasse.

Den „goldenen Mittelweg" finden

Erziehung ist anstrengend, besonders die von ADS-Kindern. Es geht auch nicht ohne Konflikte. Eltern müssen „Unlustprogramme" einüben und Grenzen setzen, die Kinder natürlich nicht begeistern. Sie haben gelernt, dass alltägliche, unbequeme Tätigkeiten am besten mit Motivationsanreizen und den Punkteplänen zur Routine werden. Wenn diese „Trainingsrunden" festgelegt sind, müssen sie natürlich auch konsequent durchgeführt werden. Andere Dinge – und davon wird es immer noch eine Menge geben – werden auch noch nicht gut funktionieren: Der Ranzen wird einfach in den Flur geschmissen, die Jacke nicht aufgehängt, die Wäsche nicht weggeräumt und auch nicht von allein für die Mathearbeit gelernt...

Regen Sie sich nicht auf und schimpfen Sie nicht ständig. Sie kommen dann bei einigen „Chaoten" nicht mehr aus dem Meckern heraus. Ihr Kind hört Ihre Stimme nur noch im gereizten Ton. Versuchen Sie den „goldenen Mittelweg": Wichtiges wird trainiert, Schritt für Schritt und anderes toleriert. Es gibt ansonsten den ganzen Tag Gemotze. Auch wenn Sie selbst die Jacke in die Hand nehmen und aufhängen, verkneifen Sie sich einen Kommentar. Dieser fördert nur Streit und Ihr Kind lernt dadurch das Aufräumen nicht schneller. Sie belasten nur Ihr Verhältnis. Setzen Sie wichtige Prioritäten in Ihrer Familie, fordern Sie Regeln dafür ein, und sehen Sie aber auch einmal über andere Dinge hinweg, die gerade nicht auf dem „Trainingsplan" konsequent geübt werden. Sorgen Sie bewusst für nette Zeiten miteinander.

4.2. Gemeinsam Schönes erleben

Gemeinsame Spielzeiten und abends Kuscheln – Zuwendung pur

Lassen Sie Ihren Alltag nicht nur regieren durch kleine Kämpfe, stressige Hausaufgabenzeiten und Geschwisterstreitereien. Sorgen Sie nicht nur in Muss-Situationen für Rituale, sondern auch bei Spaß-Situationen. Sie kommen sonst viel zu kurz. Schenken Sie Ihrem Kind täglich 15 min Spielzeit, in dem diesmal Ihr Kind wirklich Chef sein darf und bestimmen kann, was es mit Ihnen zusammen machen möchte: spielen, lesen, kuscheln oder zusammen werken. Fernsehen und PC-Spielen sollten allerdings von vorneherein ausgeschlossen sein. Dies kann man immer noch gemeinsam außerhalb der vereinbarten Spielzeit tun.

In dieser Spaß-Situation sind folgende Dinge tabu:

- Über schwierige Schulaufgaben reden.
- Vorhaltungen machen oder „Moralpredigten" halten.
- Kurz Lerninhalte wie das 1x1 abfragen.
- Schwierige Themen wie den Geschwisterstreit vom Nachmittag analysieren.

Gemeinsame Mahlzeiten

Finden bei Ihnen gemeinsame Mahlzeiten statt? Oder gibt es ein schnelles Brötchen auf die Hand, ein Getränk im Stehen und das Abendessen vor der Glotze – jeder allein für sich? Verbinden Sie mit Essen und Trinken Harmonie und gemeinsamen Genuss? Viele Eltern erzählen zunächst ihr Leid: Geschwisterstreiterei, Trödelei, Kampf immer Erster sein zu müssen, alle reden durcheinander, keiner hört zu, sitzenbleiben ist schwer. Natürlich gibt es Stress bei Mahlzeiten, vor allem, wenn Kommunikationsregeln nicht eingeübt werden. Dies ist ein notwendiges Übel, damit diese Zeit am Tisch nicht missbraucht wird für Kämpfe und andere stressigen Erlebnisse.

Verzichten Sie aber auf gar keinen Fall auf eine gemeinsame Mahlzeit jeden Tag! Sie leben Kommunikation vor und gemeinsames Essen führt zum Gedanken- und Erfahrungsaustausch, der verbindet. Gemeinsame Mahlzeiten bedeuten mehr als nur den schnellen Hunger zu stillen. Allerdings sollte man einige Tipps beachten, um wirklich nette Zeit beim Essen miteinander verbringen zu können.

Wenig hilfreich

- Permanent das Essverhalten kritisieren, wie Kleckern, Schmatzen, Reden mit vollem Mund – es gilt auch hier: Schritt für Schritt angemessenes Verhalten mit positiven Verstärkern eintrainieren, aber nicht alles auf einmal und nicht über „Predigten".
- Ständig Menge und Qualität überprüfen und kommentieren, was Ihr Kind isst. – Es gibt ADS-Kinder, bei denen sich eine Wahrnehmungsauffälligkeit im Geschmacks- und Geruchssinn bemerkbar macht und sie essen auch mit guten Argumenten bestimmte Nahrungsmittel nicht.
- Bei Geschwisterfoppereien den Schiedsrichter spielen. - Setzen Sie sie weit auseinander. Stoppen Sie ungewollte Kommentare.
- Schwierige Themen beim Essen ansprechen, wie Schulnoten, negative Bemerkungen von Lehrern und Abfragen von Lernstoff.
- Ständig schimpfen, wenn wieder etwas verschüttet wurde. - Bleiben Sie ruhig und suchen praktische Lösungen: Ihr Kind holt einen Lappen und wischt es auf.

Tipps für stressfreies Genießen

- Beginnen Sie die Mahlzeit mit gemeinsamen Vorbereitungen wie Essen zubereiten, Tisch decken als tägliches Ritual.
- Ablenkungsfaktoren wie Fernseher, PC sind ausgeschaltet – es sind sonst keine Gespräche möglich.
- Zeigen Sie Interesse, lassen Sie Ihre Kinder erzählen und berichten auch Sie von Ihren Erlebnissen.
- Kochen Sie einmal pro Woche das Lieblingsessen jedes Kindes und lassen die Kinder Vorschläge für den Speiseplan machen.
- Legen Sie vorher fest, wie lange die Kinder beim Essen sitzen bleiben sollen. Zu lange Mahlzeiten strapazieren die Geduld.

4.3. Hobbies, Freunde und Sport sind wichtig

Keine Probleme mit Freunden, beim Sport oder überhaupt in der Freizeit? Wunderbar, dies sollte für alle ADS-Kinder so sein. Manchmal müssen Sie als Eltern mit dafür sorgen, dass Ihr Kind sein Hobby ausleben kann, Freunde findet, Kontakte halten lernt und Sport treibt. Diese Ziele zu erreichen ist im Therapiemanagement bei ADS-Kindern genauso wichtig wie Erfolg beim Lernen und darf nicht bei allen Sorgen um die Schulkarriere übersehen werden.

Jedes ADS-Kind sollte einen Sport ausüben und rechtzeitig damit beginnen. Denn Jugendliche finden oft leider nicht mehr zum Sport, wenn sie erst mit 13 Jahren dazu animiert werden. Dann können alle anderen es besser. Sie sind nicht gewohnt, sich körperlich anzustrengen und sind in der Regel auch dann in der Koordination nicht so gut geübt. Es muss nicht immer Fußball sein. Es kann auch Schwimmen, Judo oder sogar Bogenschießen sein, wenn man große Gruppen nicht mag.

Sport ausüben ist mehr als nur Bewegungserfahrung.

Sport fördert:

Sport muss sein!

- Konzentration
- Soziale Kompetenz
- Regeln akzeptieren lernen
- Koordination und Körperwahrnehmung
- Seine eigenen Grenzen und Möglichkeiten erfahren
- Sinnvolles Nutzen der „Power", Stressabbau durch Bewegung
- Erfahrung: Anstrengung führt zum Erfolg
- Frustrationen bewältigen – Selbstbewusstsein stärken

Übrigens wird beim Sport selbstverständlich vermittelt, dass nicht jeder Tag mit einem Sieg endet und ein Fehlschlag kein Weltuntergang ist. Man probiert es einfach wieder. Es gibt keinen Grund aufzugeben. Man strengt sich an, trainiert und steckt sich immer wieder neue Ziele. Jeder erreicht etwas und hat persönlichen Erfolg. Jedes Kind erlebt zusammen mit andern: Anstrengung kann sogar Spaß machen und Misserfolg bedeutet nicht, ich kann nichts ändern. Siege sind super und machen ein tolles Gefühl! Dies möchte man oft erleben!

Freunde finden

Freunde sind wichtig – für jedes Kind. Wie klappt es mit Freundschaften? Findet Ihr Kind Spielpartner und verabredet sich? Wenn Sie diese Fragen mit „Ja" beantworten, müssen Sie sich um das Selbstbewusstsein und die Zufriedenheit Ihres Kindes zum Glück keine Sorgen machen. Manche ADS-Kinder haben viele Freunde, mit denen sie gerne Spielideen ausleben, sind offen für jeden neuen Kontakt und es muss immer etwas los sein. Andere ADS-Kinder – besonders die „Träumer" sind am liebsten nur mit 1 oder 2 Freunden zusammen und spielen gerne Rollenspiele, basteln und malen zusammen. Hier gilt natürlich auch das Motto „Jedem das Seine, Hauptsache es macht Spaß".

Aber es gibt leider auch ADS-Kinder, die Schwierigkeiten haben im Spiel und in der Kommunikation mit andern. Sie werden schnell zum Außenseiter und sind darüber traurig. Sie sind aufgrund ihrer ADS-Problematik zu rigoros im Spiel, wollen alles dominieren oder sie sind zu desorganisiert, um rechtzeitig Verabredungen auszumachen. Andere haben oft schlechte Erfahrungen gemacht, fühlen sich ausgegrenzt und ziehen sich aus sozialen Kontakten zurück.

Freundschaften sind keine Glücksache. Man muss Kontakte knüpfen, Bedürfnisse anderer Kinder verstehen, sich austauschen und Auseinandersetzungen meistern können. Es ist ein Training sozialer Fähigkeiten und der Basiskompetenzen in der Wahrnehmung. Wenn Ihr Kind dies noch nicht gut schafft, helfen Sie und coachen anfangs Freundschaften mit.

Tipps, damit Ihr Kind besser Freunde findet

- Mithelfen, Kontakte zu knüpfen und Termine festlegen.
- Kompromisse schließen, Teilen und Nachgeben üben in überschaubaren Situationen.
- Zunächst 1 Kind zum Spielen einladen und gemeinsam etwas unternehmen.
- Regeln für Fairness vor dem Treffen noch einmal besprechen.
- Bei Streit frühzeitig mithelfen, um passende Lösungen zu finden.
- Freunde in geführten Gruppen suchen, die gemeinsame Interessen haben wie z.B. Sportverein, Pfadfinder, Schachclub, Theatergruppe.

4.4. Erfolge registrieren – Notizen für Eltern

Was haben Sie sich in den letzten 4 Wochen vorgenommen? Was hat schon geklappt? Was möchten Sie noch verbessern? Notieren Sie Ihre Ziele und Erfolgserlebnisse. Sie können dann systematisch Schritt für Schritt Probleme angehen und Lösungen finden. Machen Sie nicht den Fehler, Erreichtes als „einfach und selbstverständlich" zu bewerten. Wenn Ihr Kind sich jetzt ohne viel Theater morgens anziehen kann, denken Sie bitte nicht: „Wird ja auch Zeit, Jan ist mittlerweile schon 8 Jahre alt. Dann muss man dies können." Jan konnte es nicht, weil er ADS hat, und er hat es jetzt mit Ihrer Hilfe mühsam eintrainiert. Auch andere Dinge werden Sie mit ihm erreichen. Jan ist wie alle ADS-Kinder lernfähig. Nur von allein und nur durch Abwarten passiert leider nicht viel. Aber durch die richtigen Hilfestellungen erleichtern Sie Ihrem Kind, Anforderungen zu bewältigen und auf sich stolz zu sein. Auch Sie dürfen sich für Ihre Arbeit auf die Schulter klopfen, wenn es schon kein anderer tut!

Notizen für Eltern

Fragen...	...und Antworten
Was hat in den letzten 4 Wochen schon geklappt?	
Durch welche Maßnahme haben wir das erreicht?	
Was nehme ich mir als nächstes vor?	
Meine Ideen. Was möchte ich gerne mit meinem Kind unternehmen und erleben?	
Wo gibt es noch die meisten Probleme?	
Was ich schon immer meinen Arzt/Therapeuten fragen wollte	

Opti Mind INSTITUT

Die Vorlage für Ihre Notizen finden Sie auf www.opti-mind.de

Step by Step zur persönlichen Zufriedenheit

Auch wenn Ihr Kind ADS hat, ist es eine Persönlichkeit mit individuellen Stärken und Schwächen. Sie haben Gründe erfahren, warum ADS ein Handicap bedeutet, der Alltag zunächst anstrengend ist und Ihr Kind mehr Hilfestellung braucht als andere Kinder. Sie haben Prinzipien kennengelernt, wie man sich auf die Besonderheiten bei ADS besser einstellen kann, damit auch die persönlichen Begabungen besser zum Tragen kommen. Es klappt nicht alles auf einmal von heute auf morgen, aber mit jeder positiven Erfahrungsrunde kommen Sie Ihren Zielen näher und ermöglichen Ihrem Kind die Kompensation der ADS-Problematik. Sie werden ihre eigenen Prioritäten in der Familie setzen und Wichtiges besonders schnell auf den Weg bringen.
In weiteren TopTipps von uns können Sie zu anderen Themen mit ADS-Kindern noch mehr Beispiele erfahren und praktische Hilfen ausprobieren.

Zufriedenheit und Erfolg sind die Summe vieler kleiner Schritte. Halten Sie schöne Augenblicke fest und genießen Sie ohne ein „Aber, wenn...".

Unsere Bilanz: Es lohnt sich!

Unwissenheit und Unverständnis - jetzt sind wir auf einem guten Weg

>> *Vieles schien uns unmöglich und unaufhaltsam. Wir waren oft uneinig und zerstritten. Katastrophen lösten sich gegenseitig ab. Manche Tage dachten wir, es kann gar nicht schlimmer werden, es gab immer noch eine Steigerung! Vorwürfe, Verzweiflung und unermüdliches Ausprobieren von allen möglichen Tipps.*

Wir gaben nie auf! Philipp wurde von den Lehrern als hoffnungsloser Fall dargestellt bis wir mit der ADS-Therapie begonnen haben. Wir verstanden nicht alles, aber vieles. Es ist anstrengend, aber es geht. Regeln, Struktur und Strategien für Unbequemes in unserem Chaos-Alltag mussten wir alle mühsam trainieren. Das meiste klappt jetzt gut und Philipp kommt in der Schule und mit Freunden super klar. Das war nicht immer so. Am meisten freuen wir uns über seine Aktivitäten im Ruderverein. Er bildet jetzt sogar die kleinen Kinder aus und wird dafür bewundert, wie gut er dies kann.

Wir möchten andern Eltern Mut machen, Probleme richtig anzugehen und dranzubleiben – es lohnt sich! Wir haben uns nicht unterkriegen lassen, haben in der Familie mittlerweile stressfreie Zeiten und sind wirklich glücklich!

Herzlichen Dank!
Irene und Arno W., Eltern von Philipp

Weitere Hilfen für Sie:

Auf unserer Homepage www.opti-mind.de finden Sie
- Infos zu dem Aufmerksamkeitsdefizitsyndrom (ADS) in allen Altersstufen
- Vorlagen, Checklisten und Pläne zum kostenlosen Downloaden
- Adressen von Fachleuten, die das ADS-Elterntraining durchführen
- Fortbildungsseminare

Veröffentlichungen und Ratgeber auf www.opti-mind.de zum Bestellen:

Zum ADS-Elterntraining:
Für Eltern:
ADS. Eltern als Coach – Ein praktisches workbook
ISBN 978-3-937003-01-6

ADS. Eltern als Coach – Die DVD zum ADS-Elterntraining
ISBN 978-3-937003-02-3

Für Therapeuten:
ADS. Das Elterntraining – Manual für den ADS-ElternCoach mit Materialien auf CD-ROM
ISBN 978-3-937003-03-0

Zur Unterstützung des ADS-Kindes:
Für ADS-Kinder, Eltern und Pädagogen/Therapeuten:

ADS.TopFit beim Lernen – Bedienungsanleitung für dein Gehirn/Lernstrategien
ISBN 978-3-937003-00-9

ADS aus Sicht der Kinder – Multimedia-Seminar auf CD-ROM
ISBN 978-3-937003-05-4

ADS und Lernprobleme – Multimedia-Seminar auf CD-ROM
ISBN 978-3-937003-06-1

Die CD-ROM „ADS aus Sicht der Kinder" sowie „ADS und Lernprobleme" wurden 2007 beide von der Gesellschaft für Pädagogik und Information e.V. (GPI) mit dem begehrten Comenius EduMedia Siegel ausgezeichnet.

Materialien für das Aufmerksamkeits- und Wahrnehmungstraining
Für Eltern und ADS-Kind:

OptiMind. Das Konzentrationstraining für Kinder.
Anleitungen und Übungen für Zuhause. Mit Materialien auf CD-ROM
Buch: ISBN 978-3-937003-11-05 als E-Book auf CD-ROM ISBN 978-3-937003-13-9

Für Therapeuten:
OptiMind. Das ADS-Therapieprogramm für Kinder. Training für Konzentration, Kommunikation und Selbstbewußtsein. Manual für Therapeuten mit CD-ROM
Buch: **ISBN 978-3-937003-12-2 als E-Book auf CD-ROM ISBN 978-3-937003-14-06**

ISBN 978-3-937003-12-2 OptiMind: Das ADS-Therapieprogramm Paperback mit Übungen und allen Materialien zum Ausdrucken auf CD-ROM Als E-Book auf CD-ROM ISBN 978-3-937003-14-6	EUR 79,80 EUR 49,80	
ISBN 978-3-937003-05-4 ADS aus Sicht der Kinder Multimedia-Seminar auf CD-ROM	EUR 44,80	
ISBN 978-3-937003-06-1 ADS und Lernprobleme Multimedia-Seminar auf CD-ROM	EUR 44,80	
ISBN 978-3-937003-09-2 ADS: TopTipps für Eltern – Top Tipps 1 Erziehung und Förderung des Selbstbewusstseins Ihres Kindes	EUR 9,90	
ISBN 978-3-937003-10-8 ADS: TopTipps für Eltern – Top Tipps 2 Coaching bei Hausaufgaben – der Weg zum selbstständigen Lernen	EUR 9,90	
ISBN 978-3-937003-16-0 ADS: TopTipps für Eltern – Top Tipps 3 Stressmanagment für Eltern – die Balance zwischen Muss und Muße!	EUR 9,90	

Alle Preise verstehen sich inkl. Mehrwertsteuer.

Die Lieferung erfolgt nach Zahlungseingang.

Weitere Informationen finden Sie unter www.opti-mind.de.

DATUM

UNTERSCHRIFT

Wir freuen uns über Ihr Interesse an unseren Publikationen und OptiMind media. Vielen Dank für Ihre Bestellung!

Bankverbindung: Deutsche Apotheker und Ärztebank Mainz • BLZ 300 606 01 • KTO 3983307

OptiMind media

Lanzstraße 18
65193 Wiesbaden

Ihre Bestellung auf **www.opti-mind.de**
oder per Fax unter: **0611/6010628**

Rückantwort

NAME

STRASSE, HAUSNUMMER

PLZ, ORT

E-MAIL

TELEFON

Ihre Bestellung	Preis	Anzahl
ISBN 978-3-937003-02-3 **ADS. Eltern als Coach** Die DVD zum ADS-Elterntraining	EUR 49,80	
ISBN 978-3-937003-01-6 **ADS. Eltern als Coach** Ein praktisches workbook für Eltern	EUR 19,80	
ISBN 978-3-937003-03-0 **ADS. Das Elterntraining** Manual für den ADS-Elterncoach mit Materialien auf CD-ROM	EUR 98,00	
ISBN 978-3-937003-00-9 **ADS. TopFit beim Lernen** Bedienungsanleitung für dein Gehirn	EUR 19,80	
ISBN 978-3-937003-11-5 **OptiMind: Das Konzentrationstraining für Kinder** Paperback mit Übungen für zuhause sowie Materialien auf der CD-ROM zum Ausdrucken	EUR 19,80	